教育の自由はどこへ

ルポ「管理と統制」進む学校現場

池添徳明
IKEZOE Noriaki

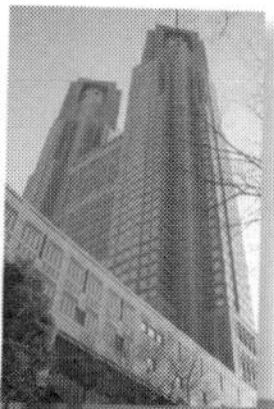

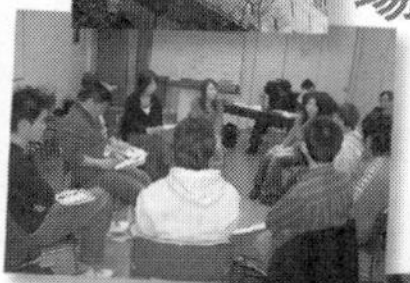

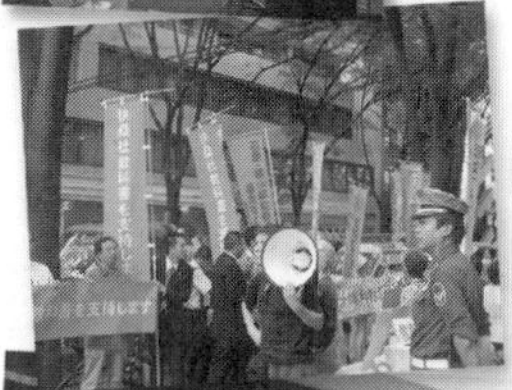

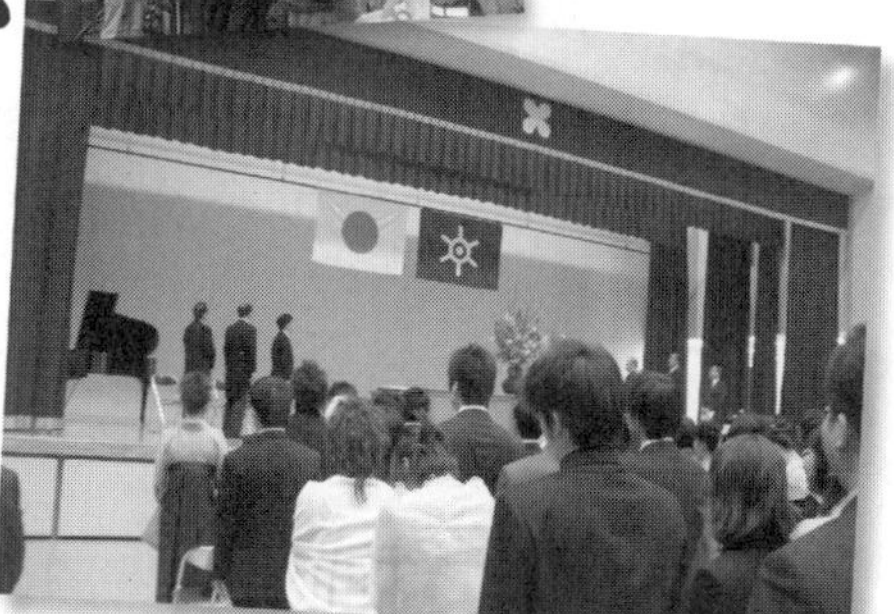

現代人文社

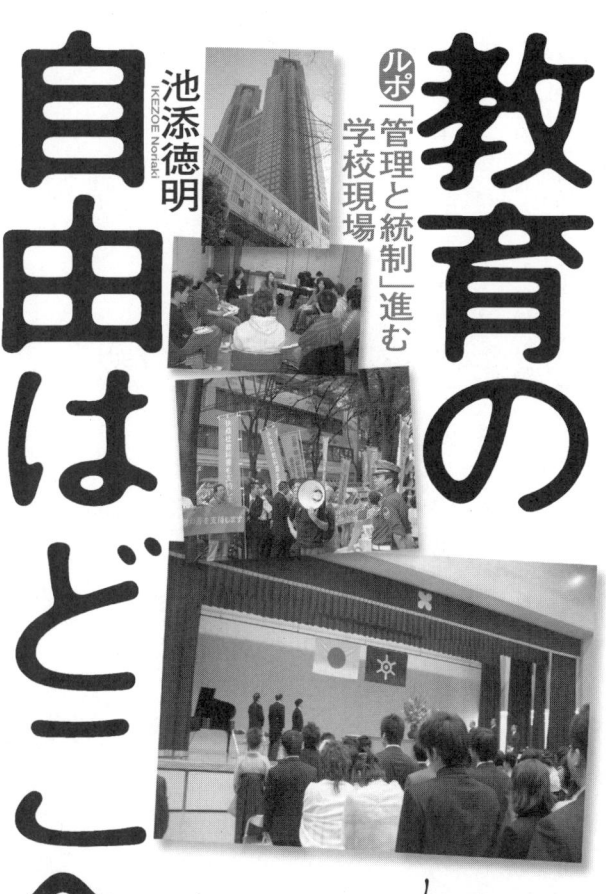

はじめに

教育基本法の改正をめぐって、国会で議論が繰り広げられています。最大の焦点となっているのは、「愛国心」と「教育への不当な支配」についての条文です。

現行の教育基本法には、「愛国心」についての記述はありません。「我が国と郷土を愛する態度を養う」といった文言を新しく盛り込むことの是非が、改正論議の大きなポイントになっています。

そしてもう一つ、とても重要なのが「教育行政」に関する条文です。現行の教育基本法は第十条で、「教育は、不当な支配に服することなく、国民全体に対し直接に責任を負って行われるべきものである」「教育行政は、この自覚のもとに、教育の目的を遂行するに必要な諸条件の整備確立を目標として行われなければならない」と述べて、教育行政の役割を明確に限定しています。これに対して政府の改正案は、国と地方公共団体の教育への関与を強化する内容となっています。

しかし、実際に教育現場を取材すると、現場はすでに教育基本法改正を「先取り」したような状況になっているのを実感します。

「国旗・国歌法」（国旗及び国歌に関する法律、一九九九年）の成立を境に、学校には「日の丸・君が代」が一〇〇％導入されましたが、「日の丸・君が代」は戦前の「御真影」のような神聖不可侵な存在になろうとしています。全員が国旗に向かって起立し、国歌斉唱することを強制する。全員を一律に同じ方向に向けさせて、異なる意見や考えは許さず、上から言われたことに黙って従う。そんな学校や社会をつくろうというのでしょうか。不安を感じずにはいられません。

一方で、教育委員会や管理職に楯突く教員は、「指導力不足教員」や「不適格教員」として、徹底排除する動きもあります。校長の恣意的・意図的な判断で、教員が現場から排除されるとすれば、自由で自主的な教育活動などできなくなってしまうでしょう。

全国的にも突出しているのが、東京都教育委員会です。「日の丸・君が代」の扱いを細かく指示し、国歌斉唱の際に起立しない教員やピアノ伴奏を拒む教員を大量に懲戒処分している都教委は、職務命令違反を重ねると、戒告・減給・停職一カ月・停職三カ月と、処分をどんどん重くしていくのです（累積加重処分）。そこまでしている自治体は、ほかに聞いたことがありません。

国歌斉唱の際に生徒や保護者に「思想・良心の自由」についてアナウンスすることも、都教委は一切禁止しました。ホームルームで教員が説明するのもご法度です。都立高校では、生徒に憲法を教えてはいけないという不思議な論理がまかり通っています。

「教育公務員は全体の奉仕者だ。上司の命令に従うのが当然だ」という議論がありますが、違法・不正な命令であれば、拒むべき場合もあるのではないでしょうか。そもそもすべての公務員には、日本国憲法を尊重し擁護する義務があるはずですが、東京都では、憲法や教育基本法の理念や精神は完全に踏みにじられているようです。

教科書採択では、教育現場の意見が排除され、教育委員の権限が大きくクローズアップされました。行政から独立して教育のあり方をチェックするのが教育委員会ですが、「形骸化している」と批判され、一方でその政治的中立性が問題にもなっています。

教育現場は疲れきっています。職員会議で活発な議論が交わされることがなくなった、という話は前から耳にしていましたが、職員室での先生同士の会話も少なくなっているといいます。

子どもたちの問題について、先生が職員室でざっくばらんに話し合い、校長や教頭も一緒に考えるのが学校のあるべき姿だと思うのですが、現実の学校はそうではない。先生たちは多忙で、がちがちに管理され、分断され孤立化している。仲間であるはずの校長や教頭ら管理職は、文字どおり先生を「管理する側」になってしまって、教育行政の顔色ばかりうかがっているのです。
取材から、そんな教育現場の息がつまるような実態が浮かび上がってきました。

◇　◇　◇

本書の文章は、雑誌などに書いたルポルタージュやコラム記事をまとめて、加筆・修正して再構成しました。

なお、本文中に出てくる登場人物の肩書きや年齢、数字などのデータはいずれも、取材当時のものです。また人物の名前は、特に断り書き（「仮名」など）のあるもの以外はすべて実名です。

目次

教育の自由はどこへ……6

はじめに　2

第1章◉教育基本法「見直し」先取りする現場

がんじがらめの教師たち　12

中教審の東京公聴会から　17

第2章◉つくられる「指導力不足」教員

「不適格教員」にされた「金髪先生」　24

逮捕・懲戒免職された「金髪先生」　34

「偏向授業」と決めつけ 40
「市民の苦情」を理由に教員排除 50

第3章◉エスカレートする「日の丸・君が代」の強制

強まる管理と重圧の中で 62
「密告」する校長たち——神奈川県の調査から 73
千葉県立高校三校の生徒が「スクラム」 79
エスカレートする「強制」 88
「君が代」伴奏拒否訴訟 95

第4章◉監視される都立高校の教師たち

「踏み絵」にされる「日の丸・君が代」 102
【資料】東京都教育委員会の通達（実施指針） 110
厳戒態勢の都立高校の卒業式 113

「踏み絵」にすくむ教師たち　122
「拙速大量処分」に広がる波紋　132
校長からも批判と悲鳴　135
不起立「加重処分」でついに停職　145
［コラム］不起立で停職の先生、正門前に「登校」　148
［コラム］不起立の教師に「研修」命令　151
「日の丸・君が代」強制に違憲判決　154

第5章◉生徒にも強制を始めた東京都教委

生徒不起立で教師に「指導責任」　158
崩される生徒と教師の信頼関係　161
止まらない都教委の暴走――教師の言動や生徒指導まで介入　175
「適正指導」を職務命令　185
発言する生徒たち　188
［コラム］生徒の方がはるかに大人だ　198

【コラム】民主主義が機能しない学校　200

第6章◉「つくる会」教科書採択をめぐる圧力

「反日」教員の自宅や職場へ脅迫　204
杉並二〇〇一年――教科書採択をめぐって　213
教育委員会って何だ――「形骸化」と「政治の波」のはざまで　218
「つくる会」の歴史教科書を使ったら……　231
杉並二〇〇五年――「つくる会」歴史教科書採択の舞台裏　239

第7章◉分断され孤立化する現場

ある新人教師の死　256

あとがき　272

◎初出一覧

第1章

「週刊金曜日」２００２年11月22日号
「週刊金曜日」２００２年12月６日号

第2章

「週刊金曜日」２００１年１月19日号
「週刊金曜日」２００１年４月13日号
「週刊金曜日」２００１年６月１日号
「週刊金曜日」２００１年６月15日号

第3章

「こころの科学」２００１年７月号
「週刊金曜日」２００１年２月２日号
「週刊金曜日」２００１年３月30日号
「週刊金曜日」２００３年３月28日号
「Causa（カウサ）〈法学セミナー増刊〉」２００４年１月号

第4章

「週刊金曜日」２００３年11月28日号
「週刊金曜日」２００４年３月12日号
「週刊金曜日」２００４年４月２日号
「週刊金曜日」２００４年４月16日号
「週刊金曜日」２００４年６月18日号
「週刊金曜日」２００５年６月３日号
「週刊金曜日」２００５年６月24日号
「創」２００５年９・10月合併号
「創」２００６年11月号

第5章

「週刊金曜日」２００４年６月11日号
「世界」２００４年５月号
「創」２００４年８月号
「週刊金曜日」２００４年10月８日号
「週刊金曜日」２００５年３月25日号
「ジャーナリスト」ＪＣＪ機関紙２００５年４月25日号
書き下ろし

第6章

「週刊金曜日」２００１年11月16日号
「週刊金曜日」２００１年８月３日号
「週刊金曜日」２００１年10月３日号
「週刊金曜日」２００５年４月22日号
「創」２００５年11月号

第7章

「世界」２００６年４月号

第1章……………

教育基本法「見直し」先取りする現場

がんじがらめの教師たち

◎旗も歌も実施は当然

教育基本法の「見直し」で注目されているのは、「愛国心」や「教育への不当な支配」の問題だが、学校現場ではすでにこうした「見直し」を先取りする動きが顕著だ。管理や締めつけで教員はがんじがらめになっている。

教育基本法の「見直し」を、いち早く先取り実施しているのは東京都だ。「最近の教員に対する管理強化はすさまじいものがある」と関係者は口をそろえる。その象徴が「日の丸・君が代」と人事考課制度、そして「指導力不足教員」の問題だという。

東京都の公立学校の「日の丸・君が代」実施率は、二〇〇二年に一〇〇％となった。

東京都墨田区は、「君が代」を流さない学校が残る数少ない地域だった。一九九九年の「国旗・国歌法」

の成立直前まで、墨田区には旗も歌も実施しない小・中学校が八校もあった。二〇〇一年四月の入学式でも三校の小学校が「君が代」を流さなかったが、二〇〇二年三月の卒業式から、墨田区で「君が代」を流さない学校は一校もなくなった。

東京都教育委員会は二〇〇一年十一月と十二月、墨田区教育委員会の指導室長を呼んで、「日の丸・君が代」について「強力な指導」をした。都議会で保守系会派の議員から未実施校の状況を、相当しつこく問いただされたからだ。

関係者によると、各校ごとの職員会議の内容や経過まで、都教委はかなり突っ込んで追及したらしい。誰がどう反対したのか、具体的に教員の名前まで出しながら聞いてきたという。

翌年一月に入ると都教委は、前年の入学式で「君が代」を流さなかった三校の校長を、区教委の指導室長とともに呼んで、これまでの経過と今後の取組みを二時間にわたって問いただした。「職員会議に都教委から指導主事を派遣してもいい。都議会でまた質問されたら、未実施校の校名を出さざるをえない」などの発言まで飛び出したという。区教委や校長への「脅し」としては十分だった。

同じような「強力な指導」は墨田区のほか、東久留米市、西東京市、国分寺市、羽村町の教委にも行われた。裏を返せば、この五地区以外では「日の丸・君が代」は完全実施されているということになる。

「ここまで踏み固められたらどうすればいいのか。職員会議での議論の対象にさえならなくなってきていますから」

教職員組合の関係者はそうこぼす。それでも多少なりとも抵抗の芽は残しておきたいとの気持ちはある。

式次第に「国歌斉唱」「君が代斉唱」と書くのか、それとも「国歌」「君が代」とだけ書くか、この違いは大きい。「斉唱」となると、子どもたちに歌うことを強制する教員の「指導」の問題が生じてくるからだ。

「最後の踏ん張りどころではないですかね」

◎上意下達の徹底着々

都教委は二〇〇〇年四月、教職員組合などの強い反対の声を押し切る形で、公立学校教員の人事考課制度を導入した。

人事考課制度は、教員の能力や実績を管理職が五段階で評価するが、教員はこれに先立って、管理職の指導と助言を受けて「自己申告書」を提出することになっている。制度導入当初、小・中学校では約九割、高校では約七割の教員が自己申告したが、都教委によると、現在では九九%の教員が自己申告書を提出しているという。

しかし人事考課制度については、どのような基準で評価をするのか、管理職に正当な評価ができるのか、そもそも教育には成果主義や実績主義による評価はなじまないのではないか、管理職や教育行政の顔色ばかり気にする教員をつくることにならないか、教員を管理・統制する道具に使われないか——といった批判の声が、学校現場だけでなく教育学者からも上がっている。

小学校教諭の高幡優子さん（仮名、51歳）は、自己申告書を提出しなかった二〇〇一年、校長からいきなり次年度の異動を告げられた。九年間いた学校だから、もう一年は勤務できるはずだった。担任するクラスで障害のある子を二年間受け持っていたこともあり、続けて見守りたいと考えていた。

高幡さんは教員歴二十九年のベテランだ。校長から頼まれて受け持ったクラスでは、「共生」の視点を大切にしてきた自負がある。学校行事で「君が代」が流れるとただ一人着席し、職員会議では校長と対立する場面もあったが、学校全体のことについてはお互いに協力してきたつもりだった。

考えられる異動理由は、管理職から何回も促されたのにもかかわらず、自己申告書を提出しなかったことしかない。「自己申告書を出さないと異動がどうなっても知らないよ」と言われ、不安は感じていた。今春から通っている学校はかなり遠方にあるので、通勤には一時間半もかかる。

「人事考課制度は教員差別のためのものでしかない」と高幡さんは考えて、自己申告書を提出しなかった。同僚の話では、鉛筆書きで出した申告書は、校長に添削されて戻ってくるという。校長の指示に従うだけでは教員の責任は果たせない。教員が自分の頭で判断するのを放棄してしまうことを、高幡さんは危惧する。

これからも自己申告書は提出しないつもりだ。「でも、両親の体調が悪くなれば自宅近くの学校に異動したい。そうしたら提出するしかないのでしょうか」

着々と進む上意下達の徹底。そして、それに呼応するように加速する教育基本法の「見直し」。しかしこうした状況に危機感を抱く教員は、決して多くはない。

中教審の東京公聴会から

◎「陸の孤島」で厳重警備

教育基本法の「見直し」に向けて中間報告をまとめた中央教育審議会は、「一日中央教育審議会」と銘打った公聴会を開いた。東京会場を皮切りに、福岡、福島、京都、秋田の全国五カ所。「幅広い国民の意見をうかがう」ための公聴会は、本当に幅広い意見を聴くことができたのだろうか。

二〇〇二年十一月三十日、東京・有明の東京ビッグサイトでは、高校教員や主婦、会社員ら十人が意見を発表した。

文部科学省によると、東京会場の意見発表には首都圏を中心に八十六人の応募があった。意見発表者は当初六人を予定していたが、「できるだけ多くの意見を述べてもらいたい」として、募集を締め切った後で急きょ十人に増やしたという。傍聴には五百人の定員に対し、六百六十七人の応募があったため抽選。当日の来場者は約三百五十人だった。

会場となった東京ビッグサイトは、JR新橋駅から新交通「ゆりかもめ」で二十分の陸の孤島。参加者はものものしい警備とボディーチェックで迎えられ、会場は緊張した空気に包まれた。文部科学省の担当者は「都心の大規模施設は予約がいっぱいで押さえられなかった」と説明する。厳重な警備体制については「警察・警備会社からの要請だ」としている。

公聴会には、三十人の中教審委員のうち、鳥居《とりい》泰彦《やすひこ》・中教審会長（前慶応義塾長）ら七人のほか、遠《とお》山敦子《やまあつこ》文部科学大臣と河村建夫《かわむらたけお》副大臣が出席した。

意見発表に先立ち「中間報告」の概要を説明した鳥居会長は、欧米や韓国で教育改革が進められてきた事例を示しながら、教育基本法「見直し」の必要性を力説。そのうえで、「家庭の教育力の回復」「日本人としての自覚」「国と郷土を愛する心」など、報告に盛り込まれた項目を紹介した。

◎なぜか賛成意見が圧倒的

開会から三十分。ようやく意見発表が始まった。そこには、中教審の教育基本法「見直し路線」と愛国心を積極的に後押しする発言が、ずらりと並んだ。

神奈川県の医師・奥平邦雄さん（53歳）。「子どもたちの道徳心の欠如は、大人社会の価値観や人生観の混乱に原因がある。宗教が教育から排除されたのが問題で、宗教的人生観や素養を子どもたちに示すことが大事だ」

東京都の主婦・河村ユリ子さん（52歳）。「教育基本法の『平和への希求』の理念が、反戦平和運動による破壊や混乱を招いた。愛国心がタブー視されている現状は不愉快だ。伝統文化・国家の歴史を否定する教育は子どもの健全な成長を阻む。家庭教育の重要性を認識し、家庭の秩序を復活させなければならない」

東京都の外資系企業勤務・高橋俊雄さん（39歳）。「自立した個人による社会契約の考え方や、競争原理の導入が必要。日本人のアイデンティティーが問題になっているが、公共・国・社会とは何なのかを考える教育が大切だ」

千葉県の元民生委員・田村治子さん（59歳）。「日本人の心を再生するには教育しかない。国や郷土を愛する心について中間報告に盛り込まれたのは喜ばしいが、なぜ『愛国心』と堂々と書かないのか。今こそ日本人の誇りを取り戻す教育をすべきだ」

千葉県の元団体役員・針ケ谷勉さん（69歳）。「自己中心的な考え方が、学力低下や勤労意欲の退化につながっている。権利ばかり教えるのではなく、公徳心や国家安全を担う義務こそ教育されるべきだ。家庭の責務を明確にしなければならない」

静岡県の高校教員・深澤直幸さん（40歳）。「授業態度や姿勢、茶髪、言葉について子どもを指導しているが、根本にあるべき日本人としての感性や美意識が欠如している。文化伝統の体現者として日本人のアイデンティティーを示す国民教育が必要だ。滅私奉公の精神や国家に尽くす使命を教えなければならない」

一方、はっきりと教育基本法の「見直し」に反対する意見を表明したのは、神奈川県在住の都立高校教員・青木茂雄さん（55歳）だけだった。

青木さんは、「教育基本法の実現こそが図られるべきで、変える必要はまったくない。愛国心を強要するなど、教育内容への行政の関与こそ戒められなければならない問題だ。国のために死ぬのが当然と教えて、自分の頭で考えない人間を大量につくった戦前の学校教育を反省し、理想実現のために制定されたのが教育基本法ではなかったのか」と主張した。

また、東京都の自営業・小貫大輔さん（41歳）は、「教育改革は必要だが、国家や中央政府の統制で、全員が右へならえしなければならないような改革はおかしい。自由で多様な教育こそが、主体的で創造的な市民をつくることになる。『教育を受ける権利』よりも『教育をつくる権利』と言った方がいい」と訴え、国による教育統制の動きに懸念を示した。

教育基本法の「見直し」に反対したり、少なくとも疑問を投げかけたりする立場から意見表明したのは、この二人だけだった。

意見発表が終わり、発表者と中教審委員との質疑応答に移って間もなく、傍聴者が声を上げる一幕があった。戦前の軍国主義教育と教育基本法の理念について、鳥居会長へ質問する内容だった。呼応して傍聴席から「一方的な賛成意見ばかりじゃないか」「反対意見も聞いてください」などの野次が飛び交い、場内は一時騒然となった。文部科学省側の要請で、発言を続けた傍聴者二人が警備の警察官によって会場の外へ連れ出された。

◎「アリバイづくり」と批判

公聴会の初日を終えた鳥居会長は、「制定から五十五年間ずっと改正されていない教育基本法について、国民に理解してもらう必要がある。意見発表者の人選は、応募者全体の意見内容に合わせて案分比で決めた。賛成六人、反対二人、その他二人、の三グループ。組織的な応募があったかどうかは私にはわからない。途中で質疑中断の混乱があったのは残念だったが、もう少し冷静にやりたいね」と感想を述べた。

文部科学省生涯学習政策局の布村幸彦《ぬのむらゆきひこ》政策課長は、「性別、地域、年齢など、幅広い意見が聞けるようにバランスよく発表者を選んだつもりだ。一方的な意見ばかりということはない。不規則的なことがなければ、傍聴者との意見交換もやりたい」と語った。

これに対して、公聴会を傍聴していた東京都内の小学校男性教諭（53歳）は、「十人の意見発表者がどういうふうに選ばれたのか、とても疑問だった。『改正』に賛成する意見が多すぎて、あまりにもアンバランスな印象だった」。東京都内の主婦（50歳）は、「あらかじめシナリオが用意されている出来レースのような公聴会だと感じた。日本の伝統文化やアイデンティティーに固執し、女性の権利を抑えつけようとする意見を聞いていて、戦前戦中の国防婦人会を想像した」と話す。

この日、公聴会場前では、独立系の教職員組合員や学生、市民らがビラを配って教育基本法の「改悪」反対を呼びかけた。また公聴会終了後には、東京・有楽町のマリオン前で、「教育基本法『改正』反対市民連絡会」の主婦や学生、教員ら約二十人がリレートークや歌などのパフォーマンスを繰り広げた。

教育基本法「見直し」の動きに教職員組合は反発姿勢を強めており、地域組織を中心に各地で集会やシンポジウムを開いている。

日本教職員組合（日教組）の中村譲《なかむらゆずる》書記長は、「基本法の理念が生かされてこなかったところに、今の子どもたちと教職員の困難な状況がある。初めに『改正』ありきで、アリバイ的に公聴会を開くのではなく、時間をかけて開かれた議論をしてほしい」と訴える。

また、全日本教職員組合（全教）の石川喩紀子《いしかわゆきこ》副委員長も、「見直すよりも生かすべきだという意見はかなりあるはずで、中間報告は納得できない。公聴会を開いたということで、国民のいろんな意見を聴いたことになってしまうことには疑問がある」と話している。

第2章
つくられる「指導力不足」教員

「不適格教員」にされた「金髪先生」

◎PTAや市議から攻撃

千葉県四街道《よつかいどう》市立南小学校教諭の渡壁隆志《わたかべたかし》さん（48歳）は、髪の毛を金色に染めていることから「金髪先生」の異名がある。服装もユニークで、龍の刺繍が入ったジャンパーに雪駄履きというラフな格好も人目を引く。

その「金髪先生」が学校現場を外され、二〇〇一年二月から県の総合教育センターでの「研修」を命じられた。

二〇〇〇年七月。南小学校のPTA役員らを中心に、保護者を対象にした署名集めが行われた。「資質、品格、価値観などは個性と呼ぶ範囲をはるかに逸脱している」などとして、渡壁さんのこれ以上の南小学校在任は容認できないと非難する内容になっている。翌八月には、千葉県教育委員会と四街道市教育委員会に請願書や陳情書が提出された。

関係者によると、同小学校の学区内の百五世帯のうち百世帯が署名したとされる。役員が地区内の家を一軒一軒回って署名集めをしたのだという。

何らかの問題を起こした教員の助命嘆願を求めて、保護者らが署名集めをする話は耳にすることがあるが、ＰＴＡが特定教員の排斥署名をするというのはあまり例がない。しかも、地区内の大半の世帯がそろって署名したというのもきわめて異例の事態だが、保守的な地域性から、ＰＴＡ役員が訪ねて来るとなかなか断れる雰囲気ではないとの声も聞いた。

続いて同年九月。四街道市議会定例会の一般質問で、一人の市議が「金髪先生」について六項目にわたって取り上げた。

「南小学校のある教員についてであります。……逸脱行為や信用を損ねるさまざまな行為は、具体的にはどんなことがあるのか。……ＰＴＡから県教委への請願書、市教委への陳情書が提出されているが、今後はどのような対応をされるのか」

一応は「ある教員」と表現をしているものの、誰であるかはすぐにわかる。市議会という公の場で、特定の教員の行動や評価を取り上げるのは異例のことだ。

これに対して、佐久間文成《さくまふみなり》教育長（当時）は渡壁さんのこれまでの「行状」を一つ一つ列挙して詳細に説明しながら、「県教委に今後の処置を要望したい」などと答弁するとともに、「一番重大なのは、学校長や教育委員会の指導や命令に従わないことだ」と何回も強調した。

こうした問答は、同年十二月の市議会定例会の一般質問でもあった。同じ議員から九月議会と同様の質問があり、これまた前回のように、教育長が渡壁さんの「問題行動」を延々と披露する光景が再び繰り返された。

◎背景に管理職との軋轢

渡壁さんは一九七五年に社会科教諭として千葉県に採用され、八街《やちまた》市や四街道市の公立小・中学校に勤務してきた。四街道市教委によると、渡壁さんはこれまで県教委と市教委から、懲戒や訓告など計四十九回の処分を受けている。

市議会での教育長答弁や市教委などの説明では、自分勝手な授業をする、一週間の学習指導計画案(週案)を提出しない、公園で児童にバイクの運転をさせた、児童の工作作品を取り上げて壊した、教員として品位を欠く服装をする、無車検の車に乗って人身事故を起こした、教職員の健康診断でレントゲン撮影を拒否したなど、渡壁さんには数えきれない「問題行動」があるという。

「ああいう人は教員を辞めてもらいたいね。指導力不足とかではなく、学校現場にいること自体が信じられないし許せない。学校運営を乱すので、よその市町村でもどこも引き取りませんよ」

市立四街道西中学校で三年間、校長として渡壁さんと一緒に勤務したことがある木村俊幸・四街道市教委学校教育課長は、吐き捨てるようにそう言い放った。

同じ学校に勤務していた教員のことを、元校長がそこまで悪く言うことに少し驚きながら話を聞いていると、語気を強めて木村課長はさらに続けた。

「子どもたちを手なづけて、自分の考えを支持させるし、『日の丸・君が代』や管理教育に反対だとか、先生の言いなりにはなるなとか言って、授業はすぐそっちに結びつく。従軍慰安婦や南京虐殺など、日本の歴史を自虐的に扱って一面的な方向を子どもたちに植えつける。韓国人女性や沖縄の楽器を演奏する人を呼んで話をさせたりして、授業は一見すると面白そうにやるが、あまりに一方的な指導をするんですよ」

教科書を重視せず、赤線やマーカーで印をつけるといった指示を出すくらいで、あまり教科書を使わないといった渡壁さんの授業姿勢も気に入らなかったようだ。

同中学校では、校内暴力で学校が荒れていた一九九七年五月、学校側の要請で駆けつけた警察署員に三年生の男子生徒が補導される事件があったが、この時に出動要請の指示をしたのが、当時校長の木村課長だった。そしてこれに対して、渡壁さんは「学校の中に警察を呼んで取り締まってもらうのは教育の放棄だ。ほかの生徒の前で警察官に連行された生徒は人権侵害を受けた」として、補導された生徒に代わって弁護士会に人権救済を申し立てている。

また、渡壁さんは佐久間教育長とも同じ中学校に勤務していたことがあり、職員人事の問題などをめぐり、当時校長だった佐久間教育長と組合交渉で何度も激しくやり合ったという。管理職とのトラブルはほかにもいくつもある。

管理教育や体罰、「日の丸・君が代」などの問題について、管理職や市教育委員会の姿勢とことごとく対立してきたことで、渡壁さんは当局から「問題行動を繰り返す」とにらまれていたのだ。

一九八八年以降は担任を外され、図工や地理などの専科担当を命じられた。九八年には希望していない南小学校に強制配転となり、九九年以降は書写の授業を週に二時間受け持つだけで、実質的に授業をさせてもらえない状態が続いた。

◎「これじゃあ座敷牢だ」

千葉市美浜《みはま》区。JR幕張駅から商店街を抜けて二十分ほど歩いたところに、千葉県総合教育センターの敷地が広がる。

中央に八階建ての本館があり、その東側に四階建ての情報教育センター、西側に三階建ての科学技術棟が並ぶ。ここでは通常、子どもや教職員対象の教育相談や、教員の初任者研修、管理職定期研修といった講座が行われている。

「座敷牢みたいな部屋」で研修を受ける渡壁さん＝2001年3月28日、千葉市美浜区の千葉県総合教育センターで

渡壁さんが「研修」のために毎日通っているのは、科学技術棟の二階の一室だ。広さは約五畳。カーペット敷きの室内には、スチール製の机と、学校の教室で使われるような木製の机が一つずつ。ほかには、イスが三つに電気ストーブがあるだけだ。

この狭い部屋の内外で、県教委の指導主事二～三人が常に渡壁さんを監視しているという。想像するだけで息がつまるようだが、イスに座って黙って監視するだけという仕事も、それはそれでつらいだろうと思われる。

「ほかの一般研修生とは隔離された独房ですね。面会や図書室の利用も事前に許可が必要だそうです。まるで拘置所や座敷牢に幽閉されているみたいでしょう。ここのことを別名で『強制収容所』と呼んでいます」と言って渡壁さんは苦笑した。

窓の前に置かれたスチール机に向かって、渡壁さんは毎日八時間を過ごす。例えば、「新学習指導要領と現行指導要領の目標を照らし合わせ、改訂の方向について理解する」「総合的な学習の時間の考え方・進め方の要旨をまとめる」などの課題が与えられると、渡された指導要領の解説文を要約してレポートにまとめ、自分の意見を書いて提出する。学校管理規則の服務規定をまとめさせられることもある。

こうした研修のあり方を、渡壁さんは「人権侵害だ」として厳しく批判する。

「例えば『国旗・国歌』の指導項目をどう解釈し、どう考えるかについても書くことになります。触れなければ『逃げた』、触れたら触れたで『転向していない』ことになる。そういうことが日常的に問われる。生徒に反省文を書かせるようなもので、強制研修を通じて思想改造を迫るわけです」

そもそも、四街道市教委がこれまでにしてきた処遇や処分、言ってきたことは、ほとんどが不当で理不尽なものばかりだ、と渡壁さんは訴える。

「無車検の車に乗って事故を起こしたことは自分の不注意で、校長に始末書を出したが、相手とも示談が成立し、問題にされるような事故ではないはずです。公園で児童をバイクに乗せたのは二年も前のことで、詫び状を出して保護者から了解をとっていて解決済みだ」と弁明する。しかしこれ以外のことがらについては、どれも事実誤認に基づいた一方的な非難だと渡壁さんは言う。

「児童の作品を壊したと言われているが、間違えて釘打ちしたものを最初から作り直させたのであり、市教委は事実と異なる報告をしている。授業の週案は学校教育法の公簿ではないので提出義務はない。

活動に適した風通しのよい格好をしているのに、ジャージ姿の教員は認めて自分の服装だけ認めないのは納得できない」

渡壁さんが金髪にしたのは白髪を隠すためでもあるが、話は四街道西中が荒れていた時までさかのぼる。「茶髪やピアスの生徒は授業を受けさせない」と主張する校長や同僚教員と、「まず教室に入れてから説得すべきだ。格好だけで決めつけるのはおかしい」と考える渡壁さんは対立した。生徒の心を理解せず、正面から向き合おうとしない教員の姿勢への疑問が背景にはあった。

渡壁さんはこの頃、授業についていけずに荒れていた生徒たちの勉強を、放課後に自宅で見ていた。当時の生徒たちとは今でも交流が続いている。

「うちは兄妹二人が教わったのですが、上の子は渡壁先生が大好きで、物事を押しつけないので言いたいことが自由に言えたと話していました。下の子は逆に大嫌いだって言うんですよ。先生も人間だから、接し方や子どもによって受け止め方は変わってくるんじゃないかと思います」

保護者の一人は、こう言って渡壁さんに理解を示した。

◎お上に楯突くと排除?

千葉県教育委員会は、「渡壁さんに対する今回の措置は処分ではない。南小学校教諭という身分の変動は一切ない」と説明する。

「四街道市教委が職務命令を出したのです。市教委から県教委に研修依頼があったので、県の施設を使って研修を受けてもらうという判断をしました。研修成果が上がれば、すぐにでも学校に戻ってもらえます」

「教員は財産です。指導力を高めてもらうのが大事で、辞めさせるのならお金をかけて研修する必要などない」

いわゆる「懲罰的研修」や「辞めさせるための研修」ではないことを県教委は強調するが、千葉県内の公立小・中学校教諭が過去にこうした長期研修を命じられた事例はないという。

千葉県は二〇〇〇年度、文部科学省から「指導力不足教員の人事管理」について三年間の調査研究を委嘱され、研修体制やプログラムのあり方を検討している。千葉県のほかに神奈川県、広島県など十六の府県と政令指定都市が調査研究を委嘱されており、同省は二〇〇一年度からすべての都道府県と政令指定都市に委嘱する方針だ。

また同省は、指導が不適切な市町村立学校の教員を、都道府県の教員以外の職に異動できる法律改正案を国会に提出している(二〇〇一年六月に成立、二〇〇二年一月に施行)。

教室が荒れて授業が成り立たない、あるいは子どもたちとコミュニケーションがとれずに学級運営がうまくいかないといった、指導力不足とされる教員に対する風当たりは確かに強い。ストレスや過労などが原因で、心を病んでいると思われる教員もいる。

子どもに体罰をふるったり、子どもの心を傷つけるような言動を平気で繰り返したりする教員や、破廉恥行為やわいせつ行為に及ぶ教員も存在する。こうした教員は、全体から見ればもちろん数は少ないが、それでも決して珍しくはない。

「どこの学校にいても不思議ではないでしょうね」と多くの教員が口をそろえる。

そんな先生と学校や教室で毎日顔を合わせるのは、子どもたちがかわいそうだ。明らかに問題がある場合は、一時的に現場から外れて、適切な指導や研修を受けるべきだろう。しかしその「問題のある教員」という判断は、いったい誰がするのか。

誰にとって「問題がある」のかによって、評価はまるで正反対のものになりかねない。渡壁さんに対するこれまでの処分や「研修」命令に、意図的で恣意的なものがなかったと断言できるだろうか。

渡壁さんは「学校で校長や教育委員会にもの申すと、君も強制収容所に行きたいのかと脅される時代になる」と言う。そんなふうに危惧する声は、教育関係者や保護者の中にも強くある。

逮捕・懲戒免職された「金髪先生」

◎食い違う両者の主張

「金髪先生」こと渡壁隆志さんは二〇〇一年五月八日、千葉県警公安三課と四街道署に傷害の疑いで逮捕された。

起訴状によると、渡壁さんは五月八日午前八時十五分頃、南小学校敷地内で自分のワゴン車を急発進し、前にいた高橋信彦校長にぶつけて転倒させ、腕や足などに全治三週間のけがを負わせたとされる。

接見した弁護士や学校関係者らによると、教育センターへ行く前に学校に立ち寄った渡壁さんはこの日、職員室で校長から「通勤経路や保護者からの苦情」について事情を聞かれた。出勤時間になったので渡壁さんは席を立ち、追いかけてきた校長と玄関や昇降口でトラブルになったという。

高橋校長はこの時の様子を次のように説明する。

「まだ話があると言うのに、渡壁教諭は職員室を出て行って車に乗り込みました。止めようとしたら、車に付いているスピーカーで『校長は交通妨害をやめろ』などと大きな音を出して騒ぎました。近所の方も集まって来て、子どもたちや職員もベランダから見ていたようです。車がぶつかったのは一回だけではありません。人が前にいるのに車を発進させるのは常識では考えられない。接触したらどういう結果になるかわかると思う。下手したら死んでいましたよ」

これに対して渡壁さんの言い分は、校長とかなりの食い違いを見せる。渡壁さんは逮捕からずっと四街道署の留置場（代用監獄）に拘置されたままの状態に置かれているが、五月二十五日に千葉地裁で開かれた拘置理由開示の法廷（白川敬裕裁判官）で意見陳述し、このように訴えている。

「（被害者とされている）高橋校長は自分から車に当たってきて転んだのです。私からは当たっていません。事件はでっち上げです。学校を出る時に校長に押されて転び、教育センターへ向かう途中で四街道市教委の木村俊幸・学校教育課長から呼び止められて、手をねじ上げられて負傷した私の方こそ被害者だ。朝のうちに四街道署に電話し、任意出頭して事情聴取に協力までしたのに、警察署を出ようとしたところでなぜ逮捕されなければならないのですか」

教育センターに着いた渡壁さんは、千葉県教育委員会の義務教育課職員と相談し、四街道署に電話を入れたうえで任意出頭して事情聴取に応じた。また、校長と学校教育課長から全治二週間のけがを負わされたとして、診断書を付けて警察に被害届けを出している。

◎何の疑問もなく報道

ところが渡壁さんが逮捕された翌日、新聞各紙はどこも警察発表（公安情報）を鵜呑みにして、そのまま垂れ流すような一方的な記事を書いた。もちろん被疑者の言い分を逮捕直後に知るのは難しいが、問題意識を持って周辺取材すれば、背景をある程度把握するのは可能だろう。少なくとも一方的な記事にはならないはずだ。

なかでも朝日新聞の取り上げ方は、あまりにも一面的だった。しかも社会面と千葉版で、それぞれ三段の見出しを立てて「事件」を大きく扱った。

警察発表をもとに、逮捕事実だけでなく前後の様子なども「詳細に」書き、さらに「独自取材」をしたうえで、サイド記事もまとめている。一見すると警察発表だけに頼らない取材をしているみたいだが、実際には校長や市教委の主張だけを何の疑いもなくそのまま書いている。だから結果的には、警察発表よりも始末が悪い一方的な記事になっているのだった。

確かに渡壁さんの側にも、脇の甘さやいくつかの問題行動はあったと思われる。しかし冷静に考えてみて、地域ぐるみや市議会の場でたった一人の教員をそこまで吊し上げるなどというのは、まともなことだろうか。

先に触れたように、授業内容や「日の丸・君が代」や組合活動などをめぐって、市教委や管理職との間で対立や確執がずっと続いていたことが「事件」の背景にはある。別の角度から少しでも周辺取材をすれば、すぐにわかることだ。

一方、読売新聞と毎日新聞は、比較的トーンを抑えて逮捕事実などに限定して書いていた。発表されたことをそのまま書くのならば、発表をなぞることに徹して「警察はこういう内容を広報した」という事実だけを淡々と書けばそれでよい。「余計なこと」を書かなかったという意味でいえば、まだ「読売」や「毎日」の記事は冷静だった。

◎なぜ公安三課が逮捕

そもそも、学校敷地内で起きたトラブルから生じた「事故」に、過激派などの捜査を担当する「公安三課」が登場してくるのは尋常ではない。通常なら所轄署の交通課や、せいぜい刑事課が対応して取り調べるのが普通だろう。

拘置が延長されて期限いっぱいの五月三十日、渡壁さんは傷害の罪で起訴された。起訴後も引き続いて長期にわたって身体拘束され、弁護士以外との接見禁止が続いた。

千葉県教委は当初、「事実をよく調べて確認したうえで慎重に対処したい」として、起訴されても直ちに処分するとは限らないとの姿勢を示していた。しかし、起訴翌日の三十一日午前に臨時の教育委員会議を開き、同日付で渡壁さんを懲戒免職にした。地方公務員法の「信用失墜行為」に該当するというのが処分理由だ。

県教委義務教育課は「警察に接見禁止の一部解除を申し出て、本人から事情を聴いた。本人は否認したが、まわりの目撃者や教員の話から事実であると認定した。学校内で拡声器を使い、こういう事故を子どもの見ている前で起こした影響は大きい」と説明する。さらに「事故を起こしてから二十日間に県民から批判や問い合わせがかなりあった。市教委から事故報告書も出されている。県教委としては事実関係の把握に努めました」などと話している。

新聞をはじめ、テレビのワイドショーや雑誌によって、「問題教師が校長を車ではねて逃げた」などと一面的なイメージが広がったこととの影響は大きい。

しかし渡壁さん本人は容疑を一貫して否認し、事実関係について争いがある。しかもこれから刑事裁判が始まるという段階なのに、一方の主張をもとに処分が決定されたことには疑問も残る。県教委の「素早い対応」と公正さに欠ける判断に対し、関係者の間からは抗議の声が上がっている。渡壁さんが所属する千葉学校労働者合同組合は六月一日、「不当解雇に抗議する」とする緊急声明を発表した。

◇　◇　◇

その後、渡壁さんは二〇〇二年二月七日に保釈が認められ、九カ月ぶりに千葉拘置所を出た。弁護側は「校長は自ら車の前に立ち塞がる危険行為をしており、数十センチ前進した車との衝突で転倒したというのは不自然で作為性は明らか。児童や教師が注目している中であえて衝突させるわけがない」と無罪を主張したが、千葉地裁（小池洋吉裁判長）は同年三月二十六日、「危険で悪質な犯行。教師という聖職にありながら児童らに与えた衝撃は大きい」として、求刑どおり懲役一年二月の実刑判決を言い渡した。

弁護側は判決を不服として控訴。東京高裁（原田國男裁判長）は二〇〇三年七月十六日、一審判決を破棄し、懲役一年二月、執行猶予三年の判決を言い渡した。弁護側は上告しなかったため、有罪判決が確定した。

「偏向授業」と決めつけ

◎問答無用の事情聴取

「授業について市民から苦情があった」ことを理由に、教育委員会が一人の教員を処分しようと懸命になっている。ただ「市民から苦情があった」と繰り返すだけで一方的な事情聴取を進め、苦情内容さえ明らかにしようとしない教育委員会の姿勢に、市民や同僚教員からは「あまりにも意図的だ」と不安と疑問の声が上がった。

教育委員会から事情聴取を受けたのは、東京都多摩市立多摩中学校の家庭科教諭・根津公子《ねづきみこ》さん（50歳）＝二〇〇六年四月から町田市立鶴川第二中学校勤務＝。「男女共生」のテーマを、社会的事象を通して考えさせる授業に取り組んでいることで、家庭科教育の研究者や教員仲間に知られる先生だ。

「授業の進め方などについて、市民から苦情の申立てがあったので事情聴取します」――。

二〇〇一年四月下旬、多摩市教育委員会は根津さんを市庁舎の委員会室に呼び出した。しかし、具体的にどんな「苦情」がどんな形であったのか、内容を一切知らされないままの状態で、根津さんが事情聴取を受けようとしていたため、事情を知った市民や保護者ら数人が心配して市教委を訪問し、事情聴取の姿勢を問いただした。

「市民からの苦情とはどういうものですか。もし授業に問題があるのだとしたら、まずは先生と市民が話し合って現場で解決すべきではないのですか」

ところが、応対した市教委の原田美知子・指導室長は「(苦情や事情聴取の)内容については言えない。服務の問題も授業内容の問題もある。保護者と根津教諭が話し合うように校長には指示してあるが、指示どおりに実施したかどうかの確認はしていない」などと繰り返すだけだったという。

これに対して、根津さんは「授業内容に苦情や疑問が寄せられているのなら、きちんと説明したいと校長に何回も提案したが、その必要はないと言われて話し合いを拒まれた」と話しており、市教委の説明と校長の対応は完全に食い違っている。

市教委による事情聴取は断続的に、これまで三回にわたって行われた。代理人の弁護士が必ず根津さんと同席して、手続きの正当性や公正さなどを一つずつただしながら、毎回二時間近く行われている。だが「市民からの苦情」の中身はどういうものなのか、相変わらず何も示されないままだ。

◎子どもたちを扇動？

ことの発端は二〇〇一年二月、卒業式実行委員会の中で、委員の生徒たちが「日の丸・君が代」の問題を話し合ったことだった。

同僚教員と二人で実行委員会の顧問になった根津さんは、委員会の席で生徒に尋ねた。

「みんなはどういう卒業式にしたいの？」

委員会担当の顧問教員としてはごく自然な問いかけだ。「子どもたちが自分たちの力で作り上げたと感じられるような、自分たちが一番望むような卒業式を経験させたい」との思いから、根津さんは「実現できるように先生たちも協力するからね」と話した。

「『君が代』はやらなくちゃいけないのかな。なんとなく暗くて嫌だ」と発言する生徒がいた。

「自分たちで作る楽しい卒業式にしたい。やらなくていいのなら『君が代』はなくしたい」

生徒たちが卒業式原案をそんな内容でまとめようとしたので、根津さんたちは「なんとなく暗いから、というだけでは理由としてどうだろう。いろんな大人に意見を聞いて、もっと調べて考えてから結論を出したらどうかな」と指導して宿題にした。

数人の生徒が校長のところに質問に行った。しかし、それがきっかけで「根津教諭は生徒を扇動して利用している」などと非難されることになった。以後、実行委のトーンはがらっと一変した。

「学校主催で来賓もたくさん来るのだから、これまでのような伝統的な卒業式にしたい。この前の原案は変えて『君が代』もやりたいと思います」

校長室に質問に行った生徒たちが、その次の実行委でそんな提案をした。卒業式は「従来どおり」の形で行われることになった。

そのうちの一人の生徒が根津さんのところにやって来た。「先生は『日の丸・君が代』をやめさせるために、私たちを利用したんでしょう。校長先生がそう言っていました」と話し始めたので、根津さんはびっくりした。

「やめようなんて私は一言も話してないよ。みんながどうしたいかを聞いただけだよ。『君が代』のことは実行委員の子が言い出したんだよ」

さらに、同じく校長室に行った実行委員の生徒が、家庭科の課題レポートを提出したくない理由を書いて持って来た。「今やっている家庭科の授業は、校長先生が見せてくれた学習指導要領には一言も書かれていない内容だからやめてほしい」と書かれていた。

それまで、授業中にも自分から積極的に発言していた生徒だったので、突然の変わりように根津さんは驚いた。

どうやら生徒が校長室に質問に来た後で、校長はあらためて何人かの実行委員の生徒を呼んで、「日の丸・君が代」や家庭科の授業のことで話をしたらしい。PTA役員の保護者数人にも、同じような説明をしたのではないか。その後の校長らの言動から、根津さんや同僚教員たちはそう推測する。

◎授業内容にクレーム

それから間もなく、卒業式実行委員会の指導方法のほか、家庭科の授業内容について校長からクレームがついた。

根津さんは三年生の三学期の家庭科授業で、「男女共生」をテーマに、従軍慰安婦や同性愛、男女差別の問題を取り上げた。義務教育最後のまとめとして、過去から現在まで続くレイプや差別の事実を知ったうえで、男女が一緒に生きていく社会のあり方を考えようというのが授業の趣旨だった。

授業では合計六時間をこのテーマにあてた。賃金・昇進による女性差別の訴訟を扱った記事、韓国の元従軍慰安婦を訪ねたビデオ、元日本軍兵士の証言をまとめたプリント、同性愛者が中学生に向けて書いた手紙、などを教材として使った。

ところが、校長は「男女共生社会なんて学習指導要領のどこに書いてあるのか。家庭科の学習指導要領から逸脱している」と決めつけた。また、教頭は「六人の生徒が、先生の考えを押しつけるから家庭科の授業はもう受けたくないと言ってきた」と根津さんに告げたという。

従軍慰安婦の問題について、生徒の一人が「うちのおじいちゃんは、そんなことやってないよね」と質問したのに対し、根津さんは「わからない」と答えたという。それが子どもの心を傷つけたのだと批判された。ところが、その応答がいつの間にか「みんなのおじいさんは人殺しだ」と根津さんが言ったことにされ、さらには生徒が「ぼくのおじいちゃんは人殺しだ」と受け止めて傷ついていることになっていた。

ことの成り行きに、同僚教師たちも戸惑いと怒りを隠さない。

「授業がこんなふうに一方的な受け止め方をされて処分されるのなら、教員は生徒に何も話ができなくなる。もの言わぬ教員がつくられるだけではないか」

三月中旬になって、市教委の指導主事と校長、教頭の三人が、根津さんの担当する二年生の家庭科の授業を見に来た。不審に思った生徒たちから、校長らに疑問の声が矢のように浴びせかけられた。

「どうして教育委員会が授業を見に来るんですか」

「ほかの先生の授業ではこんなことはないじゃないですか」

授業が終わってからも、授業監視に対する生徒の怒りは収まらなかった。休み時間や放課後に、十人以上の男女生徒が次々と校長室へ抗議に行った。

「先生が自由にものが言えないなんておかしいよ。社会科で習ったけど、これじゃあ、戦前の治安維持法とまるで同じ状態じゃないですか。現実がこんなふうになっているのに、私たちが何もできないなんて納得できません」

女子生徒の一人は、根津さんにそんな話をしてから友達と一緒に校長室に向かったという。

「根津先生を辞めさせたら、おれはもう絶対にこんな学校には来ないからな」

「なぜ、教育委員会は根津先生の授業だけ見に来たのですか」

校長室で、二年生の生徒たちは指導主事や校長に食い下がって一歩も引かなかった。あまりの剣幕に、指導主事は「根津先生の授業について保護者から苦情の電話があったから見に来たんだ」と答えたという。

しかし二年生の生徒たちは、校長や指導主事の説明に納得することはなかった。

翌日、校長と教頭は「辞めさせられると生徒に言ったのか」と根津さんを詰問した。職員会議の場でも「子どもたちの状態が不安定になっている。生徒が騒いでいるのは、根津教諭が扇動したからだ」などとすごんでみせた。

一方、この日に開かれた多摩市議会予算委員会では、自民党と公明党の議員が「中学校の家庭科で不適切な教材を使う教員がいる」「自分の主義主張を押しつけて洗脳して困る」などと質問した。実名こそ出さないものの、根津さんを批判しているのは明らかだった。これに対し、地域政党の生活者ネットや共産党の議員は根津さん擁護の論陣を張った。

◎処分前提に材料探し

根津さんは八王子市立石川中学校に勤務していた一九九九年二月、三年生の家庭科の最後の授業で「自分の頭で考えて判断し行動できる人間になろう」などと生徒たちに教えた。上からの指示に従って動くオウム真理教の信者の言葉を引用しながら、「教育委員会から指導されたとおりに『日の丸・君が代』を実施する全国の校長の思考と同じだと思いませんか」と指摘し、自分自身で考えて判断することの大切さを訴える内容の授業だった。

同年八月、八王子市教育委員会から文書訓告を受けた。「(授業は)校長の学校運営方針を批判するに等しい」というのが理由だった。

これに対して、根津さんは「卒業する子どもたちに、最後のメッセージとして贈った授業でした」と話す。

「おかしいと思うことには勇気を出しておかしいと声を上げてほしい。社会の中で主体的に生きていくことの意味を伝えたかったのです。特定の校長を批判したのではないし、『日の丸・君が代』の是非を問うたわけではありません」

根津さんは二〇〇〇年四月に、多摩市立多摩中学校へ異動。二〇〇一年二月に「不当処分で精神的苦痛を受けた」として、八王子市を相手取り提訴した。

当然のことながら、こうした経緯は多摩市教育委員会もよく知っているはずだ。根津さんが「日の丸・君が代」の強制に反対して、職員会議などで積極的に発言しているのも把握しているだろう。

市議会開会中の三月上旬。生活者ネットの吉田千佳子市議は、石川武・多摩市教育長と市庁舎内の廊下で立ち話をした時に、教育長が根津さんのことでこんな愚痴をこぼしたのをはっきり覚えている。

「多摩中は子どもが荒れていて大変だが、もっと困るのは教員の問題だ。根津教諭は問題教員なんてもんじゃない。子どもたちを扇動するようなことを言う。なんとかして現場を外せないかと考えているんだが、なかなか証拠を残さないから困っているんだ」――。

根津さんを学校現場から追い出すために、市教委と管理職が連動して何ごとかを画策しているのがとてもよくわかったと、吉田市議は証言する。

多摩中の同僚教員の一人は「結論が先にあるんです。処分を前提にして材料を探している。とても同じ職場で働く人間の姿勢だとは思えない」と言って、市教委や管理職の動きを批判した。

「根津さんの授業は学習指導要領に沿っていますよ。それなのに根津さんを辞めさせたい保護者の声は持ち上げて、根津さんに好意的な保護者は追い返してシャットアウトするなんてフェアじゃない。事情聴取されるべき教員は、ほかに何人もいるはずでしょう。根津さんは市教委や校長に逆らう悪い先生だという前宣伝が、着任前から浸透しているのも問題だと思います」

三年生の女子生徒は「生徒の気持ちを全然無視する先生が多いけど、根津先生は親身になってちゃんと聞いてくれるから大好き。みんな信頼している。授業も楽しくてわかりやすい。絶対に辞めてほしくないです」と訴える。

これに対して、文部科学省初等中等教育局教育課程課は「新学習指導要領の改訂基本方針の中で、男女共同参画社会の推進が謳われているが、これは家庭科の現行指導要領にも根底に流れる考え方だ。男女の性を認め人権尊重する授業内容なら、具体的な教材は子どもの実情に応じて現場に任される」と説明する。

多摩市教委は「何もお話することはありません。議会で質問された事実もない」(原田指導室長)などと語って取材拒否を繰り返し、多摩中学校の前島俊寛校長は「市教委と相談してお答えしないことになりました」と述べた。東京都教委職員課は「市教委の対応をみて判断する」と話している。

【学習指導要領】学校教育法施行規則に基づいて定められ、文部科学大臣が告示する教育課程の基準・手引き。法的拘束力について議論があるが、最高裁の判例などでは、法規としての性質を有する「大綱的基準」とされている。

「市民の苦情」を理由に教員排除

「市民から苦情の申立てがあった」ことを理由に、多摩中学校の前島俊寛校長と多摩市教育委員会が、根津公子さんの家庭科授業を「偏向教育」だと決めつけて、授業監視などの介入をしたことに対し、同僚教員や子どもたちの間からは「あまりに不自然で意図的ではないか」と反発する動きが出た。

しかし前島校長はその後、「根津先生は子どもを扇動している」「根津先生の授業は学習指導要領を逸脱している」などと生徒に伝えるとともに、ＰＴＡ役員ら一部の保護者と連携して根津さんへの非難を強めた。その結果、根津さんに反抗的な態度を見せる生徒も出てきた。

二〇〇一年九月、校長からの調書提出を受けて多摩市教委は、根津さんを「指導力不足等教員」として東京都教育委員会に申請した。

「自分の頭で考えて判断できる人間に」――。そんな授業を実践してきた中学校の家庭科教員が、学校現場から排斥されようとしていた。「偏向授業」と決めつけられ、事実をねじ曲げた情報が流されて、地域ぐるみで吊し上げられる光景は、まさに「いじめ」やファシズムそのものではないだろうか。

◎保護者会が糾弾会に

六月二十二日夜。多摩中学校の体育館で、全学年を対象にした緊急保護者会が開かれ、百人ほどの保護者が出席した。

約二時間半の会議のうち、およそ三分の二の時間が、「根津先生は子どもたちを利用した」「子どもたちの心を傷つけた」という批判に費やされた。三月中旬に、市教委の指導主事らが根津さんの授業を見に来たのを疑問に思った生徒たちが、校長室へ質問に行ったことが問題になった。一方的な授業監視に対する純粋な憤りの気持ちから出た子どもたちの行動が、いつの間にか根津さんが「子どもたちを扇動した」ことにすり替えられていたのだ。

さらに、「慰安婦なんて生々しいものを授業で取り上げないでほしい。うちの子どもは出席させたくない」といった意見のほか、教職員組合のチラシを非難する声もあった。市教委による授業介入など、根津さんをめぐる一連の出来事に対して組合が説明するチラシを配ったのだが、「多摩中の恥を外にさらすことになるからやめてほしい」と抗議するのだった。

根津さんを批判する保護者グループ十数人が、泣いたり絶叫したりしながら次々とマイクを握って話し続ける。なかには「みんなが根津先生に反対しているわけではないんじゃないか。一方だけでなくいろんな意見を聞きたい」「どうしてこんな大騒ぎになってしまうんですか」といった発言もあったが、話がはぐらかされ、またすぐに根津さんを批判する発言が繰り返されたという。根津さんは事実誤認の部分について釈明したが、理解は得られなかった。

出席していた保護者の一人は、この時の様子を振り返り、冷めた口調でこう話した。

「進行がとても作為的でした。やらせと言うか、吊し上げや魔女裁判みたいな感じで、一人の教師を追放する方向に持っていこうとしていて不自然なんです。多摩中で問題になっている学級崩壊を解決しようとせず、こんなことに情熱を傾ける。多くの親はあきれて見ていたように思いました」

七月に入って三年生の保護者会が二回開かれた。根津さんは保護者への弁明を希望したが、出席はいずれも認められなかった。

◎子ども市議会で質問

多摩市の市制施行三十周年を記念し、二〇〇一年八月二十三日に「子ども市議会」が開かれた。市内在住の中学二年生十五人が「子ども議員」として質問し、市長や教育長らが答弁する。子どもたちに市政を身近に感じてもらおうと、多くの市で実施している行事の一つだ。

この中で、多摩中学校の女子生徒からこんな質問があった。

「私の通っている中学校のある教師が、国旗・国歌について、教師にあるまじき発言をしたことについて市はどういう対応をしたのですか。国の象徴を汚すような発言をする教師の授業は受けたくありません。市はどのように考えているのですか。入学式や卒業式の朝、校門の前で『日の丸・君が代はいらない』と書いたビラを配る大人たちがいました。やめさせてほしいと思います。市はこのような大人たちをどう思いますか」

この日、質問のために登壇したのは多摩市内に十校ある市立中学校から選ばれた生徒十人と、私立中学校に通う生徒ら公募による五人。一人当たりの持ち時間は、答弁も合わせて十五分ずつ。ほかの生徒がごみ問題や図書館、ボランティア活動、部活動などについて質問するなかで、この質問は異色だった。

これに対し、石川武教育長（当時）は次のように答弁した。

「現在までの途中経過ですが、校長をはじめ関係者が授業を参観し指導を行い、よりよい授業となるよう努力しています。学校では学習指導要領に基づき、入学式や卒業式などの学校行事において国旗を掲揚するとともに、国歌を斉唱することとなっています。学習指導要領を無視する態度は、教員としては許されない行為です」

「学校の校門の前で学校批判のビラを配るということが、どれほど子どもたちの心を痛めることになるのか、そんなことも慮れない大人がいることは、きわめて残念です。これからもし、そのようなことがあったら、すぐに先生方に伝えてください。先生方は、すぐに駆けつけて行って止めさせてくださるはずです」

この年の三月に開かれた多摩市議会予算委員会で、自民党と公明党の議員が「中学校の家庭科で不適切な教材を使う教員がいる」「自分の主義主張を押しつけて洗脳して困る」などと質問したのと同じように、実名こそ出さないものの、質問と答弁が根津さんを批判しているのは明らかだった。

もちろん、子どもの意見表明権は最大限尊重されなければならない。この生徒は「子ども市議会」の場で、自分なりの率直な思いを述べたのだろう。

だが、国旗・国歌についての発言を「教師にあるまじき」と断定して、「ビラを配る行為をやめさせてほしい」と行政に求めるのは、憲法で明確に定められている思想・信条・表現の自由という観点から、かなり問題のある質問だといわざるをえない。

そういう意味では、むしろ批判されるのは教育長の答弁だろう。憲法順守義務を課されている公務員として、思想・信条・表現の自由を尊重する立場から、質問した生徒を教え諭す内容の答弁をすべきだった。

議場で「子ども市議会」を傍聴していた市議会議員の一人は、教育長答弁を厳しく批判する。

「疑問があるなら先生と十分に話し合ってください、というふうに教育長は子どもに答えるべきです。大人たちの配っているビラを一方的に批判するのもおかしい。世の中にはいろんな考え方があるということをフォローするのが本当の教育でしょう」

これに対して、多摩市教委の原田美知子・指導室長は「子どもたちのいろいろな考えが『子ども市議会』では出たと思う。子どもたちの質問内容は学校ではチェックしていない。教育長答弁は、教員が襟を正さなければならないということを述べただけだ」と説明している。

「子ども市議会」の様子は、地元のケーブルテレビ局が夏休み特集として一時間番組に編集し、九月初旬から一週間にわたって一日四回、合計二十八回放送した。同局には多摩ニュータウンを中心に約五万世帯が加入している。

◎延々と続く授業監視

七月中旬から始まった多摩市教育委員会や東京都教育委員会の指導主事らによる根津さんの授業参観は、二学期に入っても続けられ、すべてのクラスを見に来るようになった。

前島校長は九月十四日付で、根津さんに授業改善の職務命令を出した。その内容は、年間指導計画の書き直しを求めたのに提出していない、学習指導要領と授業の関係が明確でない、生徒に討論させたり新たな課題に気づかせたりしていない、生徒との応答を一問一答で終わらせている、授業開始時の生徒の把握が不十分、一部の生徒しか授業に参加せず私語したり眠ったりしても放置している、途中で教室から出て行く生徒に声かけをしない——といったものだった。

九月下旬には前島校長から多摩市教委に、根津さんを「指導力不足等教員」とする申請調書が上がり、多摩市教委から東京都教委へ申請が出された。

それまで根津さんに向けられていた批判が、授業内容から指導方法へとシフトしていった。「授業で慰安婦や同性愛の問題を扱うのは偏向している」「『日の丸・君が代』に反対するなんてけしからん」などとされていたのが、いつの間にか「指導力不足等教員」ということになっていた。

校長が出した「授業改善命令」に対して、根津さんは「授業は学習指導要領の趣旨に則していて問題ないはずです。授業監視などの影響で動揺が見られるなか、子どもたちは授業によく参加して発言も活発だったし、一人二人が私語をしていたが注意したらすぐにやめました」と反論している。

都教委は根津さんに「弁明の機会」を設けた。根津さんは弁護士同席で弁明に臨んだが、市教委が都教委へ出した「指導力不足等教員」の申請内容がなかなか明らかにされないことから、話がかみ合わない。根津さんは「手続きを進める前提として、指導力不足の理由を特定してほしい。何が審理の対象になっているのか明確にされなければ弁明できない」などと主張した。

これに対し、都教委は「農薬などを扱った授業内容は学習指導要領とどう関係するのか、授業参観の学習指導案を出さなかったのはなぜか、生徒の授業ボイコットへの対応はどうだったのか」など四点を示した。だが、根津さん側は「争点が少しずつずれてきている。本気で弁明に耳を傾けて判定材料として受け止める気があるのだろうか」と、都教委の姿勢に疑問を投げかける。

さらに、公の場での弁明であるのに、根津さん側が指摘するまで都教委が記録を残そうとしないことも、不信感を募らせることになった。

数回にわたる弁明について、隣に座って聞いていた根津さんの代理人の萱野《かやの》一樹《かずき》弁護士はこう話す。

「校長がデマや嘘を流し、ことさらに保護者や生徒を煽って不信感や反感をつくり出しているのが最大の問題点です。従軍慰安婦や男女共生社会を取り上げた授業が学習指導要領を逸脱しているなどと言って、根津さんへの不信感を意図的につくっている。教員が保護者や生徒とトラブルになったら、冷静な話し合いをするように調整役に入るのが校長の果たすべき職責でしょう。教員を教育現場から排除するのを前提に、自らバッシングを組織して旗振り役を演じるなんてとんでもない話です」

多摩中学校の前島校長は「いろいろと影響があるので対応しません」と述べ、取材拒否した。

◎明確でない判定基準

都教委は「指導力不足等教員」の定義を「要綱」で、「児童・生徒を適切に指導できないため、人事上の措置を要すると決定された者」としている。都教委人事部は「管理監督者である所属長が問題を整理して改善指導し、様子を見た市町村教委からの申請を受け、都教委の判定会の審議を経て決定する」と説明するが、どのような事例が「指導力不足等教員」に当たるのかという具体的な判定基準はまったく定められていない。

一方、文部科学省は、改正地方教育行政法の二〇〇二年一月からの施行にあたり、二〇〇一年八月に都道府県教育委員会と指定都市教育委員会に通知を出したが、この中で「指導力不足教員」について三項目を示している。専門的知識・技術等が不足しているため学習指導が適切にできない、指導方法が不適切である、児童生徒の心を理解する能力や意欲に欠け、学級経営や生徒指導が適切にできない——の三点だ。

根津さんのケースについて、都教委の新井清博・職員課長は「市教委から申請が出ているので、意見陳述の場を設けて本人の話を聞いたうえで、客観的事実に基づいて判定することになる。文部科学省の通知に当てはまるかどうかも見ていく」と話しているが、明確な基準がなければ恣意的な判断をすることも可能になるだろう。

そもそも「指導力不足」で学校を混乱させているのは、誰なのだろうか。

◇◇◇

東京都教育委員会は二〇〇二年三月、「指導力不足等教員の決定には至らない」との審査結果を出しながら、「指導方法や指導内容について改善を要する課題がある」などとして、校長に適切な指導を求め、そのうえで根津さんを懲戒処分した。根津さんが指導主事の授業参観後の指導を受けず、校長の命令に従わなかったことが地方公務員法違反だとされた。

第3章…………

エスカレートする「日の丸・君が代」の強制

強まる管理と重圧の中で

日本の国旗は「日章旗」で、国歌は「君が代」とする——。ただそれだけのことを定めたはずの「国旗・国歌法」（国旗及び国歌に関する法律）が一九九九年八月に成立してから、「日の丸・君が代」についての異論や異質な存在・例外は許さないという雰囲気が、強まっている。もちろん前からそうした流れはあったが、国旗・国歌法の成立を契機にいっそうの加速度がついたようだ。

このような空気が、最も顕著なのが教育現場だろう。「日の丸・君が代」の前では自由に発言ができない、管理職や教育委員会が教育内容にまで介入してくる、掲揚・斉唱・起立・伴奏を強要され、拒否すると処分されるなど、現場教師たちはさまざまな「圧力」にさらされている。

政府はこれまで「児童・生徒の内心にまで立ち入って強制はしない」との見解を繰り返してきた。一方で教師については、教育公務員は「日の丸・君が代」を児童・生徒に指導するものだと説明している。

ところが教育委員会や学校の状況を見ていると、学校現場に対する「日の丸・君が代」の強制は、明らかにエスカレートしている。「国歌斉唱」の際に起立して斉唱するのは当然で、それが教師としての職務・義務だとする方向に着実に進んでいるようだ。いくつかの学校では職務命令も出されている。公立学校の教師に思想・信条の自由はないのだろうか、とさえ思わせられるような事態になりつつある。

そんな「日の丸・君が代」の強制との攻防に消耗し、傷つき、あきらめ、あるいはそれでも信念に基づいて、異議申立てを続けている現場教師たちの姿を報告する。

◎音楽専科――伴奏強要に疑問と不安

東京都日野市の市立小学校で音楽を担当していた福岡陽子さん（49歳）＝現在は新宿区の区立小学校に勤務＝は、一九九九年四月の入学式で「君が代」のピアノ伴奏を拒否して、戒告処分を受けた。東京都人事委員会に「処分は不当だ」と不服申立てをしたが、人事委員会は二〇〇一年十月に請求棄却の裁決を出した。このため教諭は翌年一月、東京都に処分の取消しを求めて提訴。現在は最高裁で審理が続いている（本章95頁に関連記事「『君が代』伴奏拒否訴訟」）。

校長は「公務員の職務として弾いてほしい。生演奏で子どもたちによい教育環境を提供してやりたいから伴奏してほしい」と福岡さんに説明して、テープではなくピアノによる伴奏にこだわった。

これに対し、福岡さんは「『君が代』の伴奏はできません。自分の思想・信条として、音楽教師として弾けません」と断った。「君が代」は主権在民に反する歌だと思うし、思想・信条の自由を侵して強引に歌わせようとすることに強い疑念を感じるからだ。音楽教師としての表現行為にかかわる問題でもあるので、絶対に譲れない一線だった。

入学式前日の職員会議で、校長は職務命令を出した。ほかの教員たちから「音楽専科だけの問題ではない。ピアノ伴奏でなくてテープでもいいのではないか」などの意見が出たが、校長は考えを変えなかった。

入学式の当日の朝、校長室に呼ばれて「ぜひお願いしたい」と要請されたが、福岡さんは「私は弾きません」と再び答え、これまでと同じやりとりが繰り返された。

式場で福岡さんはピアノの前に座って、新入生の入場を「さんぽ」という曲の演奏で迎えた。宮崎駿《みやざきはやお》監督のアニメ映画「となりのトトロ」で使われているオープニング・テーマソングだ。軽快で明るく楽しくて小学校の入学式にぴったりなので、福岡さんが選曲してピアノを弾いた。

入学式が始まった。司会が「国歌斉唱」と掛け声をかけたが、福岡さんは正面を向いて座っているだけだった。このため式場には、事前に用意されていたテープの「君が代」が流された。入学式は混乱もなく無事に終わった。東京都教育委員会は同年六月、福岡さんを地方公務員法違反（職務命令違反、信用失墜行為）で戒告処分にした。

入学式で「君が代」を伴奏するのは音楽専科教諭の職務なのだろうか、教職員の意向を無視した一方的な校長の職務命令が許されるのだろうか、信用失墜行為とは何を指しているのだろうか……。福岡さんの中に、そんな疑問と怒りが次々に湧いてきた。

「子どもたちのための入学式を」と願う教職員の話し合いが無意味なものにされてしまう、教職員への「日の丸・君が代」の強制は子どもたちへの強制にもつながるのではないか、という不安や危機感も感じた。処分の不当性を明らかにするため、人事委員会への審査請求に踏み切った。

「戦争を引き起こしていく過程で、儀式の中で『君が代』は歌われた。音楽は心を解放することができるし、人の心と心をつなぐこともできるが、音楽を政治的に利用することやナショナリズムに利用することは嫌です。音楽は束ねるために、一つの方向に向かわせるために強制的に歌わされるものではありません。人の心を一つに束ねようとする『君が代』を私は弾けません」

人事委員会の公開口頭審理で、福岡さんは音楽の楽しさを子どもたちに伝える一人として、そんなふうに切々と訴えた。さらに「公務員だから職務命令に従うべきだ」とする主張には、次のように反論した。

「公教育に携わる教員だからこそ、学校教育の中で憲法を尊重した教育をしたい。戦争への反省から現在の憲法と教育基本法が作られた。それをないがしろにするような教育行政による人権侵害の片棒を担ぐことは、したくありません」

二〇〇二年の卒業式と入学式で、福岡さんは再び「君が代」のピアノ伴奏を命じられた。卒業式の予行練習で教諭が伴奏を拒否すると、教頭は「伴奏がないので私に続いて歌ってください」と言って独唱を始めた。福岡さんは市販のテープを用意したが認められなかった。

福岡さんは体調を崩して卒業式と入学式を休んだ。式では、校長から指名された別の男性教諭が「君が代」をピアノ伴奏した。

◎中途退職——強まる管理にもう限界

「教員として学校に残っても、もう何もできないなと思ったんです」

二〇〇一年三月末で中途退職した小学校教諭の千住一郎さん（45歳、仮名）は、少し寂しそうな表情で退職理由を説明してくれた。

千住さんはこれまで、都内の六つの小学校に勤務した。どこの学校でも、職員会議などで「『日の丸・君が代』の強制はおかしい」と正面から発言を続けてきたために、管理職や保守的なＰＴＡ役員からは煙たがられたという。四年前に東京都足立区の学校に異動した。足立区ではすべての小・中学校で「日の丸」が毎日掲揚されていた。

「職員会議で発言するのは僕だけなんですね。そもそも職員会議で提案されることに反対意見を述べることが、異常みたいな雰囲気があるんですよ。あなたが発言するとみんな気分が悪くなるから発言しないでください、なんて言われたこともありました」

連絡事項が伝達されるだけで、発言や議論がまるでない職員会議。早い時は三十分ほどで終わってしまう。そんな学校や地域の空気に嫌気がさして、自由で評判だった国立市への異動希望を出した。希望が認められて、三年前から国立第二小学校へ異動した。

「東京にまだ、こんなに伸び伸びできるところが残っていたんだなあ」

千住さんは評判どおりの自由な雰囲気の教育環境を満喫した。卒業式や入学式は子どもたちと一緒になってつくっていけるし、職員会議も民主的に運営されていた。地域や保護者らの要望もあって「日の丸・君が代」とも一切無縁だった。

ところが一九九八年に、東京都の学校管理運営規則が改定された。職員会議は「校長の補助機関」と位置づけられ、校長の権限は絶対化された。教職員に言論の自由はなくなると千住さんは感じた。

そして一九九九年。石原慎太郎都知事の誕生を境に、右翼団体や一部マスコミが国立の教育内容に対して攻撃を始め、国旗・国歌の実施を求めるキャンペーンを市内で繰り返した。極めつきは国旗・国歌法成立だった。二〇〇〇年三月の卒業式では、都教育委員会の指導を受けて国立市内のすべての小・中学校の校舎屋上に「日の丸」が掲揚された。

国立二小では、教職員の多数が反対しているのに校長が一方的に「日の丸」を掲揚したことについて、卒業式後に子どもたちが抗議した。これを一部マスコミが「校長に土下座要求」などと大々的に取り上げた。四月には右翼団体が約六十台の街宣車で押しかけ、同小の周辺や国立市内を走り回った。

八月には都教委が、千住さんら国立二小の教諭十三人を含む市内の小学校教諭十七人に対し、戒告や文書訓告の処分を出した。卒業式で「日の丸・君が代」の強制に反対する青色の「ピースリボン」を着けていたのが、職務専念義務違反に当たる、などというのが処分理由だった。

さらに、千住さんが六月に三年生二クラスを対象にした授業で、米軍機墜落事故を扱ったアニメーションビデオを見せたのが、一部の保護者から「偏向教育ではないか」と指摘され、九月の都議会で問題になった。

ビデオは早乙女《さおとめ》勝元《かつもと》さん原作の「パパママバイバイ」。米軍機墜落によって横浜市の母子や一般市民が犠牲になった一九七七年九月の事故をもとにしている。「自衛隊が米軍機パイロットしか助けなかった」と市民が抗議するシーンを取り上げて、自民党の都議会議員や石原知事が「自衛隊否認を刷り込もうとしている」「子どもへのテロだ」などと批判した。

「いろんな平和関係のビデオを見せたなかの一つなんですよ。子どもたちはビデオが大好きだから。PTA役員にも見てもらったし、一学期の終わりの保護者会でも説明して解決済みの話だったのに、校長から何回も事情聴取されました」

二〇〇一年三月。千住さんは異動を希望していないにもかかわらず、足立区内の小学校へ異動を命じられた。千住さんのほかに二人の同僚教諭も、希望していないのに通勤に一時間半もかかる遠隔地に異動させられた。

「私と一緒で職員会議での発言が多い教員です。校長に妥協せず、おかしなことはおかしいと発言する。文句を言い続ける存在が邪魔だったのでしょう」

千住さんが教員を辞めようと思った直接のきっかけは、希望しない異動だった。だが、「ピースリボン」の着用で処分された時に、「教育の世界は終わりだな。教員として残ってももう何もできない」と感じたという。

「こういう状況の中でも小さな種撒きはできる。自分が残ることでまだできることはあるだろうとも思いました。だけど……」

卒業式前に校長は、国旗・国歌の授業をするように指示した。千住さんは音楽の授業で子どもたちに一回だけ曲を聴かせ、政府の見解に沿って歌詞を説明した。

「やっちゃいけないことをやったと感じました。これからずっとこんなことをやらされるのなら、教員を続けるべきではない。強制されたからやったという理屈は、自分の生き方として通らない。結局は最後の最後に『日の丸・君が代』のある卒業式に子どもたちを送り出してしまう。これまで子どもたちに伝えてきたことを裏切ることになる」

続いて校長は、卒業式の国歌斉唱の際に、教職員は全員起立するように命じた。それだけではなかった。「児童が起立するように指導するのは教員の職務だ。これは強制ではなく教育である。起立しない児童が多いと担任の指導責任が問われることになる。その場合は市教委に報告する」とまで言い切った。

さらに校長は、音楽専科の教員に「君が代」のピアノ伴奏を求めた。女性教諭が信仰を理由に拒んだため、国立二小の卒業式にはテープでメロディーが流されたが、市内の小・中学校ではもう一つの小学校を除いてピアノ伴奏が強制された。

「選択の余地がないところにまで、教員は追い込まれているんです」

職員会議で嫌な思いをしても、子どもたちの前に立つとほっとする。一日中ずっと、子どもたちと接しているのは楽しい。しかし千住さんには、自分の生き方を裏切ってまで学校に残ることはできなかった。

◎校長抵抗——一つの例外も許さない

「校長はロボットじゃない」——。「君が代」の実施を強く迫る教育委員会に、校長は思わずそう反論した。

国旗・国歌法が成立してから、教育現場には「指導」という名の「締めつけ」がよりいっそう強まり、「日の丸・君が代」を実施しない学校が多かった神奈川県の公立高校では、掲揚率と斉唱率が急上昇した。

神奈川県の県立高校では、一九九九年の卒業式で「君が代」の実施率はわずか一六・〇%だったが、二〇〇〇年三月の卒業式では実施率が九〇%を超えた。同年四月の入学式では一校だけが「君が代」斉唱をしなかった。

そして二〇〇一年三月の卒業式。その「最後の一校」の校長に、神奈川県教育委員会から国旗掲揚と国歌斉唱を実施するように求める職務命令が出された。「日の丸・君が代」の実施について神奈川県教委が職務命令を出すのは、これが初めてだった。

「最後の一校」になった二〇〇〇年四月から、校長は十数回にわたって県教委に呼び出されて厳しい「指導」を受けていた。それでも校長はぎりぎりまで、県教委には「実施するのは難しい」と説明し、学校関係者らに対しては「私としては『君が代』をやるつもりはありません」と明言していた。

卒業式が間近になって、県教委は「問題」がありそうな学校を「指導」するためにこの校長に連絡をとろうとしたが、なかなかつかまらない。卒業式前日の深夜になってようやく電話がつながった校長に、県教委は「君が代」実施を強く求めて「なぜ校長の責任でやれないんだ」と詰め寄った。一時間ほどやりとりが続いたなかで、校長は「校長はロボットじゃない」などと県教委に反論したという。

校長は子どもの頃に米軍機の機銃掃射を受けたという。「君が代」に抵抗を感じるのは、自身の戦争体験に根差している。教職員や生徒たちから「日の丸・君が代」の強制に反対する声が強く出てきたわけでは決してなかったが、関係者の多くはそうした校長の思いを知っていた。

卒業式当日の朝、県教委の職員二人が学校にやって来て、校長に県教育長名の職務命令書を手渡した。

「処分はあなただけでは済みませんよ。教頭にまで類が及びますよ」

そんな無言の圧力を前に、校長は式場内に「君が代」のテープを流した。このままいけば自分だけの問題ではなくなる、卒業式が台なしになることは避けたいと判断したのだろう。

「最後に残った一校だったからね。いろいろと難しい問題があるけれど、いい卒業式にしたいというその思いだけですよ。卒業式の問題であって、卒業式だけの問題ではない。学校運営の責任は誰にあるかということです……。いい卒業式でしたよ。生徒が赤いバラの花をくれてね、それを胸に着けて卒業証書を渡しました」

校長はよほど複雑な思いがあるのか、「君が代」については多くを語ろうとしない。

一方、県教委の清水進一・高校教育課長は「相当苦しんでいた校長をバックアップするための職務命令だ」と説明する。

「一校だけ残った高校の校長として、前年四月から話は聞いてきたが、職員とも話し合うなかで校長はなかなか決断できなかった。決断していただく根拠やきっかけになるだろうと判断して、職務命令を出した。国旗・国歌に関して、教育公務員は指導要領に基づいてやることになっている。一校だって例外ということはありえませんから」

二〇〇一年三月の卒業式と四月の入学式で、神奈川県の県立高校の「日の丸・君が代」実施率は一〇〇％になった。

「密告」する校長たち

神奈川県の調査から

神奈川県教育委員会は一九九九年十一月と二〇〇〇年三月の二回にわたって、すべての県立学校長に対し、卒業式や入学式での「国旗掲揚・国歌斉唱」の取組み状況を調査した。

この調査結果を市民グループが情報公開請求した。一部の個人情報を除いて、二〇〇〇年秋までにすべての記入済み用紙が公開された。掲揚・斉唱を求める県教委の強い「指導」に戸惑う校長がいる一方、教職員の言動などを県教委に「密告」していた校長の姿が鮮明になったことで、教育現場には波紋が広がっている。

◎進んで「決意表明」も

一九九九年十一月の調査は、翌年の卒業式と入学式に向けて、校長は実施方針について教職員に明確な意思表示をしたか、職員会議で議論はあったか、教職員の反対や妨害行動はあったか、教職員の反応はどうか、など六項目について具体的に記入させている。翌月までに、百六十六の県立高校長と、県立養護学校長全員から調査用紙が提出された。

二〇〇〇年三月の調査は、県立高校の卒業式が終わった段階のもので、掲揚と斉唱の場所や日時、誰が掲揚したか、式の参列者全員から見えたか、斉唱はしたか、起立したか、トラブルはあったか、職員会議での課題はあったか、などの実施状況を十三項目にわたって報告させている。こちらもすべての校長が提出した。

どちらの調査も式典での「日の丸・君が代」の取組み状況を細かく報告させており、管理職への圧力としては十分な調査項目だ。校長からは「どうしてここまで県教委は縛るのか。学校の最高責任者であるはずの校長を馬鹿にしている」などと不快感を漏らす声も聞かれた。

しかし実際に提出された調査用紙を見ると、校内状況や教職員の言動について自由記入欄にぎっしり書き込むなど、喜々として報告する校長が何人もいた。卒業式や入学式に向けて「決意表明」を書き綴る校長たちも多数いた。

もちろんその一方で、選択記号に淡々と丸印を付けるだけで、あとはほぼ空白に近い形で報告した校長や、内心の自由、思想・信条の自由に言及し、生徒への強制を心配する校長も何人かいる。

◎公開に戸惑う校長ら

教職員の言動を「密告」したととられるような記述は、具体的にはこんな調子だ（[redacted]は黒塗りされて非開示の部分）。

「議題にないのに卒業式間近の職員会議で急に延々とこの問題で反対（強制するな等）を発言した者あり（[redacted]党系教員）」

「保護者に共産党もいるし、生徒の卒業委員会を巻き込んだ動きが予想される」

「反対のコメントがひとり（[redacted]）あった」

「頑強に反対する教員のうち[redacted]がおり、どのような行動をとるか現時点で予想がつかない」

「頑迷固陋な『反対』の呪縛からの解放を達成できなかった」

「起立しない職員をどうするかが課題」

また、不退転の「決意表明」をし、さらに強力な「指導」を県教委に求める内容の記述もある。例えば——。

「しつこく分会員がくることと思いますが負けません」

「今年でこの問題は決着をつける」「ヤルしかありません」

「『できる』『できない』ではなく、校長として『やる』『やらない』の決断にあった」

「県の強い指導は校長に大きな勇気をいただいた」

「国旗・国歌問題に限らず、勤務評定、服務等、対組合指導を強力に推進してください」

一方で、数は少ないが不安や疑問を訴える声や、苦渋の思いをにじませる記入もあった。

「内心の自由に対してどう答えるのか」

「『強制』についての意見が多数あった。今後もこの課題は残ると思う。保護者に対する配慮等」

「国旗掲揚で、三脚より正面の方が望ましい根拠があれば教えてほしい」

「各学校には伝統に応じた式のスタイルがある。その中で国旗・国歌を指導する方法を伝統を守りながら実施したい」

「入試、生徒指導、教科指導、PTA、進路指導面で教員の協力が必要不可欠である。その中で教員の国旗・国歌への反発が圧倒的に多い」

といったものだ。

けれども、情報公開によって記入内容が公にされたことに、戸惑っている校長も少なくない。

「まさか公開されるとは考えていなかった。制度があるのだから仕方がないが、すべてがオープンになるとしたら困る学校もあるだろう。校長会などで聞くと確かにそんな声もあります」

別の校長は露骨に強い不快感を示した。

「何を信用していいのかと疑心暗鬼が強くなった。関係者だけが知っておくマル秘の調査だと思って書いたのに……。校長が信念を持って書いたり行動したりしたことが公になったら、校長は委縮する。こんなはずではなかったと憤慨している校長は多いですよ」

ところが不退転の「決意表明」を記入した校長たちの多くは、強気の姿勢を崩さなかった。

「校長はみんな、きちんと掲揚や斉唱をやらなければと考えていますよ。うちの学校は教職員組合が強いから苦しいことも多いが、調査用紙には本当のことを書いただけだから問題ない」

個人名を出して教職員の言動を県教委に報告した校長は、次のように語った。

「管理職を管理職とも思わない発言をするなど、教育現場には世間の常識とは違ったひどいものがある。現場のやりとりを知ってもらうためには、公開されたことは悪いとは思っていない。国旗・国歌に触れる機会がまったくなく、自虐的なことだけ教えられて、生徒がかわいそうですよ」

◎「ヒラメ教師」の典型

県立高校教師の一人は、このような校長の姿をつぶさに見て、うんざりした表情で指摘する。

「県教委にゴマをすり、教職員を売り渡すなど、確実に密告体制がつくられていると思いますね。校長同士もお互いにがんじがらめで、校長や校長会が県教委の下請け機関になっている。現場の判断を許さない体制づくりといえるでしょう。今の学校の状態をよく表していると思います」

上だけを見て行動する「ヒラメ教師」の典型だというのだ。

今回の状況調査に対して、情報公開請求した市民グループは「思想・信条に関する個人情報の収集が本人の同意なく行われたのは問題だ」と県に要請していたが、県情報公開課は二〇〇〇年十二月、「学校運営上の必要性から収集したので個人情報保護条例には抵触しない」などと回答した。

神奈川県教委の清水進一・高校教育課長は「相談があったら適切に助言をし、卒業式の結果を把握して入学式に向けて確認するための調査だった。個別の教員をどうこうするわけでは一切ない。開示の時はプライバシーに配慮した」と説明する。二〇〇〇年春の卒業式・入学式で、掲揚率・斉唱率を一〇〇%近くまで急上昇させて自信を深めた県教委は、こうした調査を二〇〇〇年度は実施していない。

しかし県教委は同年十二月、掲揚や斉唱の方法が「指導」と異なる学校があるとして、式典の「完全実施」を求める文書を県立学校長に通知した。清水課長は「国旗は壇上正面に掲げ、国歌は式次第の中で歌うと県教委が決めたとおり、きちんと実施してほしいという『お願い』です。法的根拠ですか？県教委発行の『教育課程研究集録』に基づいています」と解説する。

これに対して、神奈川県高等学校教職員組合は「掲揚や斉唱のやり方については文部科学省も言及していない。これ以上の強制をするべきでない」と反発している。

教育現場で「踏み絵」となっている「日の丸・君が代」。主体的な判断を自分から放棄し、教育委員会の指示どおりに動く校長たちの姿には、教育者としての誇りや理念は残念ながら感じられない。

千葉県立高校三校の生徒が「スクラム」

◎生徒が県教委に請願

卒業式を三週間後に控えた二〇〇一年二月十四日。千葉県立小金《こがね》、東葛飾《ひがしかつしか》、国府台《こうのだい》の三高校の生徒十三人が千葉県教育委員会を訪ねて、校長への職務命令撤回や、卒業式に「日の丸・君が代」の強制をしないことを求める請願書を提出した。

千葉県の県立高校で「日の丸・君が代」を実施しなかったのは、二〇〇〇年の卒業式では九校、入学式では七校だったが、請願書を提出した三校ではこれまで、「日の丸・君が代」を一切持ち込まない卒業式や入学式を生徒が中心になって続けている。

学校の枠を超えて、生徒が連帯して教育委員会に請願書を提出するのは、管理教育で知られる保守王国の千葉ではもちろん異例のことだが、全国的にみても珍しいと教育関係者は指摘する。

きっかけは、千葉県教育委員会が県立高校の校長に出した職務命令だった。

卒業式での「日の丸・君が代」の扱いについて、県教委は二〇〇〇年十二月六日、実施していない県立高校七校の校長を呼んで、実施するように求める職務命令を口頭で伝えた。さらに翌年一月五日付で、千葉県内の全県立高校長に「学習指導要領に基づく実施」を求める通知を出した。

小金、東葛飾、国府台の三校ではこれまで、生徒が議論を重ねて式典の原案を考えてきた。卒業委員会などの生徒組織が、全校生徒を対象に討論会やアンケート調査などを実施し、式次第や会場設営などの内容を自分たちで企画・立案して、卒業式や入学式についての「要望書」を作成する。それをもとに、学校側と話し合って卒業式をつくり上げるのが伝統だった。

そんな生徒の「要望書」はこの年度も、小金、東葛飾の両高校で生徒総会の審議を経て可決され、国府台高校では各クラスのホームルームで議論して採決された。今までと同じように、卒業式には「日の丸・君が代」を持ち込まないとする内容の「要望書」原案が、三校の職員会議でも承認された。「卒業式の意義に沿わないから必要ではない」と生徒たちは考え、教職員もその結論を認めたのだった。

ところが二〇〇一年は「職務命令が出ている」ことを理由に、校長が例年になく「日の丸・君が代」にこだわった。「今年は掲揚・斉唱をやらざるをえない」として、生徒たちの原案を受け入れることに難色を示したのだ。生徒たちは猛烈に反発した。

小金高校では二〇〇〇年十二月末に、生徒たちの「卒業式要望書」が職員会議で承認され、校長と生徒との話し合いは翌年一月上旬から始まった。しかし校長は「日の丸・君が代」を実施する根拠を「職務命令が出ている」としか説明しない。「学習指導要領に沿って」と繰り返すばかりだった。

「これではどこに責任があるのかわからないじゃないか」

校長と話しながら、三年生の生徒の一人はそう思った。だったら職務命令を出した県教委に話を聞きに行かなければと、請願書の提出を考え始めたという。

◎守りたい「自主自律」

小金高校の場合は、文化祭、球技祭、合唱祭、体育祭などの学校行事はすべて生徒が企画・運営してきた。卒業委員会は一学期から活動を始め、二学期には討論会や講演会などを開いて話し合いを続けた。「要望書」は生徒総会で八九％の賛成で可決された。

「自分たちのことなんだから、自分たちで考えたい。その延長線として一番考えなければならないのが卒業式だ」。そんな気持ちが生徒たちには強くあった。

千葉県東葛《とうかつ》地区は高校生徒会の活動が比較的活発だ。十数校が生徒会連盟を作って交流している。それとは別に、小金、東葛飾、国府台の三校の卒業委員会関係の生徒たちは、二〇〇〇年十二月から意見交換や情報交換などの交流を続けてきた。生徒中心の自主的な卒業式を作っている三校には、共通する悩みや課題も多いからだ。

県教委が出した「職務命令」を理由に、校長が「日の丸・君が代」の導入にこだわっている図式は三校とも同じだった。小金高校の卒業委員長が、請願書提出を東葛飾と国府台の二校に提案した。

請願書の文章は三校の委員の生徒十三人みんなで考えた。法律的側面や請願手続きなどについては、市民団体「子どもサポートネット」の弁護士に目を通してもらったが、基本的に文面はすべて生徒自身によるものだ。卒業式関係の委員会で、それぞれ一年間議論してきた積み重ねの結果でもあるから、それほど難しい作業ではなかったと生徒たちは振り返る。

そうやってでき上がった請願書は、冒頭で「校長への職務命令の撤回」を県教委に求めた。そのうえで「三校で続いてきた学校自治の仕組みが教育の理想的な形である」として、「生徒が試行錯誤しながら作り上げた案を、民主的な手続きを踏んだにもかかわらず、命令という形で一方的に破棄されかねない現状に強い危機感と激しい怒りを覚える」などと訴えている。子どもの権利条約や憲法などにも言及した力作だ。

生徒たちは、教育委員会議で請願書の審議を求める要望書や、職務命令の撤回を求める署名も提出した。

これに対して千葉県教委は、「教育委員会議で報告はするが、審議の議題には取り上げない」とする方針を示した。県教委によると、教育長は「学習指導要領に基づいて国旗・国歌の指導は適切に行われ

卒業式に向けて、最後の情報交換をする小金、東葛飾、国府台の三高校の生徒たち=2001年3月4日夕方、千葉県柏市内で

る必要がある。校長への職務命令の撤回は考えていない。学校行事について生徒が企画に参加したり、意見を述べたりすることは大切だが、適切に実施されるように指導が加えられる必要がある」などと教育委員に報告したという。

教育委員会議が終わってから、県教委は指導課や高校教育課の職員ら五人が、三校の生徒に説明した。県教委指導課では「生徒には丁寧な形で対応させていただいた」としている。話し合いや交渉ではなかった。

「教育委員会議でどういう話し合いが行われるのか、その過程を知りたかったので残念でしたね」と小金高校の三年生の生徒は話す。そしてこう続けた。

「僕たちが一番求めているのは『命令よりも話し合いを』ということです。僕たちの学校の精神は『自主自律』を掲げている。責任を持って自ら考えて行動することです。その積み重ねで今の活動があるわけで、国旗・国歌や卒業式だけの問題ではありません」

◎管理教育から「覚醒」

千葉県は、管理教育で知られる保守的な土地柄だ。三校の生徒たちも、小・中学校の時には管理教育の洗礼を受けて育ってきた。廊下はクラスみんなで並んで歩き、先生の言うことは絶対で、ほかの人と違うことをするのは避ける。一事が万事そんな調子だ。

小金高校の三年生の男子は、小学生の時に「日の丸」を揚げる係だった。朝、みんなが学校に来る少し前に児童会役員が交代でポールに揚げる。何も考えず、言われたことに黙って従っていた。「高校に入るまでそういう行動を疑問にも思わなかった」と言う。

ところが高校では行事の企画・運営から予算配分まで、すべてを自分たちで仕切らなくてはならない。教師が決めた原案を生徒会に下ろしてくるのではなく、生徒が決めた原案を教師が承認することの方がはるかに多い。なぜ礼をするのか、なぜ歌うのかというように、すべてに対して自分で考えて疑問の目を持つことの大切さを、高校生活を通して教わった。

「もしもこれが生徒に対する管理の強い高校だったら、何も疑問を感じないまま大学、社会へと出ていったのかなあ」

　ほかの生徒たちも、同じような経験をしている。東葛飾高校の二年生の女子は「生徒の扱い方が全然違うんです」と強調した。

「中学の時は黙って勉強だけしてればいい、子どものくせに生意気なことを言うな、みたいな学校生活だったんですよ。でも高校では先生が生徒を対等に扱って向き合ってくれる。放任ではないですよね。授業では勉強の本質的なことを教えてくれる。自分で考えてこんなことができるという、やりがいのある生活をしています」

　三校がそろって校風に掲げるのは「自主自律」の精神だ。先輩から受け継がれてきたこの伝統を、生徒たちは誇りに思っている。県教委が校長に出した職務命令は、そんな「自主自律」の精神に基づいて生徒自身が自分で考えて判断する機会を、根底から否定することになる。それだけに、生徒たちの危機感は大きかった。

　三校の生徒たちを支援してきた山田由紀子弁護士は、「自分の意見を出していけないのが千葉の教育だが、三校には、生徒と教師が話し合いのできるルールがきちんと確立されている。意見表明のできる子どもたちが育っている貴重な存在だ。そんな教育が職務命令によってつぶされようとしていることに憤りを感じます」と話す。

　実は小金高校などでは最近、生徒の意思や自由な校風を尊重する教師が、人事異動で校外に去るケースが増えている。入れ替わりに赴任してくるのが、管理職に従順で生徒管理を好むタイプの教師だ。小・中学生に接するみたいに、いちいち口を出して指導するのだという。

「これまでは一緒に考えてくれる先生が多かったのですが、一方的に教えるというか、押しつけてくるような感じなんですよ」と小金高校の生徒は話す。

生徒の「卒業式要望書」は例年どおり職員会議で承認されたが、今回の採決結果は過半数ぎりぎりだった。五年ほど前までは圧倒的多数で生徒の原案を承認していたのに、毎年少しずつ生徒原案に反対する票が増えてきている。「意図的にそういう教師を集めているようだ」と指摘する声もある。

こんな傾向は小金高校に限らない。次の年には、生徒原案が職員会議で承認されない可能性は高い。

◎「日の丸」揚がったが

生徒と校長との話し合いは平行線のままだった。式の予行演習や全校委員会の場で、校長は「今までいろいろやってきたのはわかるが、『日の丸・君が代』をやらざるをえない。今回は非常事態だから仕方がない」（東葛飾高校）、「大変申し訳ないと思っているけど相互理解が得られなかった。学校としてやらなければならないからやります」（国府台高校）などと生徒に説明した。

東葛飾高校では、卒業式の始まる十分前の九時五十分頃、会場の体育館に「君が代」のテープが流された。朝のホームルームで担任教師が「式の前に『君が代』があるけど参加は自由です」と説明したが、なかには「ちゃんと出ろ」と言った教師もいたという。生徒らによると、三年生は約十人、在校生は五十人ほどが参加したが、「様子を見届けるため」と参加した生徒もいた。「日の丸」は校舎屋上のポールに掲揚された。

国府台高校では、全校生徒に対して「式の十五分前になったら国歌斉唱をするので体育館へ集まってください」と放送があったが、生徒らの話では、参加した生徒は四十人ほどだった。「日の丸」は職員玄関前に掲げられた。

一方、小金高校では卒業式の前日も、生徒・保護者・教師の代表が午後三時から同八時まで話し合いを続けた。そして当日、「君が代」は式の三十分前の午前九時半に体育館にテープで流された。生徒らによると、三年生は誰も参加せず、在校生は約十五人だけが体育館に入った。「日の丸」は校舎屋上のポールに掲揚された。

卒業生代表の男子生徒は「生徒が納得していない形でやるのは強制以外の何ものでもない。自由は勝ち取っていくものだ。自分たちで考えるという姿勢を忘れないでほしい」と在校生に訴えた。

閉式の言葉が告げられると、三年生全員が一斉に起立して、ウルフルズの「明日があるさ」を合唱し始めた。予定にはないゲリラ的な行動だった。泣いている男の先生がいた。昨年他校に異動して、今年は来賓として卒業式に出席していた先生だった。

エスカレートする「強制」

◎実施するのは当たり前

「国旗・国歌法」が成立して、四回目の卒業式・入学式シーズンを迎えた二〇〇三年。公立学校での「日の丸・君が代」の掲揚・斉唱は全国でほぼ一〇〇%になったが、学校現場への「日の丸・君が代」導入は、次の「ステップ」に向けて際限なくエスカレートしていく一方だ。

卒業式や入学式に「日の丸・君が代」があるのは当たり前となって、学校現場はより完璧な「儀式のスタイル」を完成させることが強く求められている。

「日の丸」は式場の壇上正面に掲揚し、「君が代」は式次第の中で全員起立して斉唱するのが、儀式の基本だとされる。そうして教育行政は教職員に対し、厳粛な儀式の遂行は教育公務員の職務であり義務だと迫る。

職員会議での異論や議論はほとんど意味をなさなくなった、と関係者は口をそろえる。職員会議が上意下達の場になってしまったからだ。議論そのものがないという学校も多い。

例えば二〇〇二年三月の卒業式で、神奈川県内のほとんどの県立高校は壇上正面に「日の丸」を掲揚し、式次第の中で「君が代」を斉唱した。三脚などを使った掲揚は二十校以上、式次第から外して斉唱した学校も数校あったが、すべての県立高校が何らかの形で「日の丸・君が代」を式典に取り入れている。

式に「日の丸・君が代」があるのは大前提だ。「あとは式典をどのように運営するか、教職員がどこまで職務分担するかといったせめぎ合いしか残されていない」と現場教員は話す。

神奈川県高等学校教職員組合の同年春の調査では、教職員が掲揚と斉唱時の発声の職務分担をした学校が、半数近くもあった。

ある県立高校では、同年春の卒業式と入学式までは管理職が「日の丸」を掲揚し、「君が代」のテープ演奏のスイッチは事務長が押していた。ところが校長は二〇〇三年からは、それらの職務分担を教員に割り振った。割り振られたらスイッチを押しても構わない、と考える組合員を校長は指名した。

組合分会との交渉の席で、校長は「やってもいいと言う人にやらせればいいじゃないか」と応じたという。「組合分断ですよね。でもいったん受け入れたら次は拒めなくなってしまう」と同校の組合員の一人は反発する。

じわじわと「日の丸・君が代」の強制が進む。神奈川県では斉唱時に起立しない教職員が処分されたケースはないが、この先どうなるのか、どこまで「強制反対」の意思表示ができるのか、現場は不安を隠せない。処分者を出さないためにも、職務命令が出される事態は避けて物理的抵抗をしないというのが組合本部の方針だ。

◎教員の言動を逐一監視

卒業式の「日の丸・君が代」の扱いに悩んで県立高校長が自殺し、「国旗・国歌法」成立の「震源地」となった広島県では、教職員組合と県教育委員会の力関係が完全に逆転したこともあって、「日の丸・君が代」の強制はとどまるところを知らない。

広島県教育委員会は公立学校の校長に対して、卒業式や入学式の「国歌斉唱」の際、教職員に起立・斉唱を強制する「職務命令の手順」を示したマニュアルを作成し、二〇〇二年春には、職務命令に従わず着席した教職員を大量処分した。

二〇〇三年二月には広島県内の市町村教委に「卒業式における国旗掲揚及び国歌斉唱の実施の見通し」と題する文書を出して、実施状況を事前調査した。この中で県教委は「国旗掲揚はステージ正面か」「国歌斉唱は式次第に位置づけるか」などの質問とともに、児童生徒の斉唱について「式場内に歌声が響き渡る」「今後指導を重ね十分な歌声になる」などの表現で、この年の見通しを詳細に尋ねた。

「式の取組みが円滑か事前に把握するための調査で、終わった後でも所定の書式で報告してもらう。内心の自由を侵すことがあってはならないが、学習指導要領に従って国歌を尊重する態度を養うのが趣旨だ。音楽の時間に普通に歌っていれば、式場内に歌声が響き渡るだろうと考えている」

広島県教委はこのように説明するが、「日の丸・君が代」の強制に反対する市民グループは「子どもの人権を無視した強制だ」と県教委の姿勢を批判している。

一方、大阪府枚方《ひらかた》市教委は二〇〇二年十一月の定例校長会で、「卒業式についての指示伝達」として七点を指導した。

その内容は、卒業証書授与や校長式辞は舞台上で行う、国旗は式場内の舞台と式場外に掲揚する、教職員は国歌斉唱時に起立・斉唱し、教職員が児童・生徒に起立や斉唱を指導することを明確に指示する、国歌斉唱は式次第に入れ、しおりに歌詞をプリントし、教員がピアノ伴奏に努める——などとなっている。

指導文書には、それぞれの指導項目について各校の実施状況データが付記されていて、「児童の歌声が十分に聞こえた学校、小学校の約三分の一程度、中学校の約四分の一程度、さらに改善を」などの記述もあった。また、「国歌斉唱時に起立しない教職員の人数と氏名を把握して記録しておく」とも書かれている。

市民グループから「教職員と子どもの人権を侵す指導は撤回すべきだ」と抗議の声が上がっているが、

枚方市教委はこう説明する。

「学習指導要領に基づいた指導であって強制ではない。児童・生徒が歌わないことで不利益を被ることはない。教職員については職務を行う側なので、起立して斉唱するのが当然だと考える。起立しない教職員がいれば管理職が起立を促すが、現時点では処分などは考えていません」

◇◇◇

「圧力のかかり方がこれまでとは全然違ってきている。一人一人の教員だけではもうどうにもならない問題だという声は、組合員の中にもかなりありますよ。現場では動きようがない、対応できない状態なんです」

ある県の教職員組合の分会役員は、教育現場の状況や空気をそう説明する。「だからこそ組合としてはっきりした方向と姿勢を示してほしい」と言う。

◎子どもの人権どう保障

教職員の思想・信条・内心の自由は事実上奪われたに等しい状況だが、多くの教員が「子どもたちが自分自身の考えを持ち、意見表明できる自由は保障したい」と頭を悩ませている。

「日の丸・君が代」を持ち込まない卒業式や入学式が、生徒たちによって続けられてきた千葉県立小金高校では、県教委が校長に職務命令を出したため、二〇〇一年三月から「日の丸・君が代」が導入されるようになった。

小金高校には同年四月に教頭が二人配置され、さらに教職員を大幅に入れ替える人事異動が行われた。生徒の意思や自由な校風を尊重する教員の多くが校外に去り、管理職に従順な教員が多数を占めるようになったという。

二〇〇三年も「日の丸」は小金高校の校舎屋上のポールに掲揚され、「君が代」は式の直前に流れたが、それでも卒業式の司会進行は生徒がした。卒業生と在校生が向き合って座る対面式の形も、なんとか維持されている。教員の一人はこう話した。

「職員会議で生徒を支えることはできないが、卒業式委員会でアンケートや議論をして校長とも話し合うなど、生徒は教師の力を借りずに自分たちだけでぶつかっている。かえっていいかもしれない」

横浜市内のある神奈川県立高校の卒業委員会の生徒は、二〇〇二年十二月から計六回にわたって校長と話し合いを続けた。生徒たちは、演壇を舞台に上げずフロアに置いた対面式とする、司会は生徒、高校生活の思い出をビデオ上映し、「日の丸・君が代」は式から外す、といった内容の卒業式原案を提出した。交渉は延べ十数時間にも及んだ。

学校行事を生徒たちが自主的に運営するのはこの学校の伝統で、卒業式も例外ではない。校長は対面式や生徒司会、ビデオ上映は受け入れたが、演壇を舞台上に置くことと「日の丸・君が代」については最後まで譲らなかった。「社会情勢の変化や県教委からの指導」などの理由を校長は挙げた。

「どうして上から一方的に式の形を強制されなければならないのか理解できない」。校長と交渉した三年生の生徒はそう話す。

生徒たちは翌年二月、情報を共有してみんなで議論しようと、インターネットのホームページを立ち上げた。校長交渉の議事録をアップし、自由に意見が書き込める掲示板も設けた。在校生やOBら延べ一万七千人以上が閲覧し、多い時は掲示板に一日に四十件の書き込みがあった。

そして卒業式の当日。卒業証書授与の途中で、卒業生二人がマイクの前で発言を始めた。

「私たちは全員が同じ高さで一体となって証書を受け取る卒業式を望んでいました。卒業生のなかには式への参加を拒否し、教育委員会の押しつけに抗議を示している人たちがいます。会場内にも納得できない気持ちで出席している人がいます。この式がどういった意味を持つのか、今一度考えていただければと思います」

発言が終わると、会場から割れんばかりの拍手が沸き起こった。起立して「君が代」を大声で歌っていたお母さんたちも、みんな感激の面持ちで拍手していた。

「君が代」伴奏拒否訴訟

◎「思想・良心の自由は制約される」

入学式で「君が代」のピアノ伴奏を拒否したことを理由に、戒告処分された東京都日野市の市立小学校音楽教諭・福岡陽子さん（50歳）＝現在は新宿区の区立小学校に勤務＝が、東京都教育委員会に処分の取消しを求めた訴訟で、東京地裁（山口幸雄裁判長）は二〇〇三年十二月三日、訴えを棄却する判決を言い渡した。

山口裁判長は「全体の奉仕者である公務員の思想・良心の自由は、公共の福祉の見地から制約を受ける」として、「処分は憲法第一九条に違反しない」と述べた。

判決によると、福岡さんは一九九九年四月、入学式の「君が代」斉唱の際に校長からピアノ伴奏を命じられたが従わず、式場にはテープ伴奏が流された。都教委は同年六月、地方公務員法違反（職務命令違反、信用失墜行為）として教諭を戒告処分にした。

福岡さん側は、「斉唱や伴奏は強制すべきものではない。処分は思想・良心の自由を保障した憲法第一九条に違反している。『君が代』が日本の過去のアジア侵略で果たした役割など歴史的事実を教えず、思想・良心の自由を保障しないで歌わせるのは、子どもの人権侵害に加担することになるからできない」と主張したが、判決は「公務員であっても思想・良心の自由は尊重されなければならないが、伴奏を命じた職務命令は外部的行為を命じるものだから、内心領域における精神的活動まで否定するものではない」と述べ、福岡さんの主張を退けた。

さらに判決は、「公務員は公共の利益のために勤務し、職務遂行に全力を挙げて専念する義務があり、思想・良心の自由は公共の福祉の見地から内在的制約を受ける。制約は受忍すべきもので、憲法第一九条に違反するとまでは言えない。校長が教諭に対してピアノ伴奏の職務命令を発したとしても、子どもや保護者の思想・良心の自由が侵害されるとまでは言えない」と判断した。

◎上司に従うのが全体の奉仕者か

福岡さんの代理人を務める吉峯啓晴《よしみねひろはる》弁護士は、「伴奏の職務命令は江戸時代の踏み絵と同じで、キリストを踏むように命じることは内心の自由と無関係ではありえないが、判決ではその論証がまったくされていない。公共の福祉によって人権が制約されるという判断も、あまりに古い憲法論を持ち出してきている」と話す。

「公務員の思想・良心の自由は制約されるとする判断は都教委側の主張を無批判に肯定するだけで、原告の主張に対して納得できる根拠が示されておらず、とうてい受け入れられるものではない。権力に追随するだけのあまりにひどい判決内容に、日本の司法の危機的状況を感じる」と怒りをあらわにした。

東京地裁の審理過程や訴訟指揮そのものは公正だった。「福岡さんの同僚や保護者、最先端の憲法研究者など、原告側が申請した多くの証人を認めてくれて、聞く耳をまるで持たないといった法廷ではなかった。そういう意味では裁判所の真面目な姿勢を感じていたのだが、それだけに耳を疑う判決内容だった」と吉峯弁護士は言う。

訴訟指揮が公正に見えても、判決が憲法や人権、市民感覚に照らし合わせて説得力を持つかどうかは、必ずしも合致しないというのはよくあることだ。今回の裁判もそうした事例の一つなのかもしれない。

早稲田大学の西原博史《にしはらひろし》教授（憲法）は、「上から言われたことに無批判に従うことが、全体の奉仕者ということにはならない。もちろん公務員には職務遂行に専念する義務があって、一般論としては正しいと思うが、執行してはいけない命令もある。独立した判断は個人に委ねられていて、命令を拒否しなければならない場合もある」と解説する。

「教育が誰の方を向いて存在しているのかの問題です。文部科学省と教育委員会と校長が縦の服従関係になっていて、そこに先生と子どもがいるのだが、先生が上を向いて仕事をするのが全体の奉仕者といえるのか。思想・良心の自由と外部的行為との関係性を認めて、裁判所が原告側の土俵に乗ったという点では評価できるが、憲法の答案としては四十点だ」と判決を厳しく批判した。

一方、都教委人事部は「今回の判決については、当然の結果と考えている。今後とも服務事故に対し、毅然とした姿勢で対応していきたい」とのコメントを出した。

「判決の影響が心配です」。福岡さんは判決直後にそう話した。今後さらに教員の思想・良心の自由が制限され、それが子どもたちに影響しないかと危惧する声が、関係者の間に広がっている。都教委はさっそく、都立学校の校長に対し、今回の判決骨子を印刷して職員会議で説明するように指示したという。

福岡さんは地裁判決を不服として、東京高裁に控訴した。

◎エスカレートする学校での強制

国旗・国歌法が一九九九年に制定されてから、学校現場に対する「日の丸・君が代」の強制はエスカレートしている。「国歌斉唱の際に起立して斉唱するのは教員の職務だ」とする方向に着実に歩みを進め、いくつもの学校で卒業式や入学式の際に職務命令が出されている。公立学校の教員には思想・良心の自由はないのだろうか、としか考えられないような事態になりつつあるのが現状だ。

都教委は二〇〇三年十月二十三日、「入学式や卒業式等において教職員は国旗に向かって起立し、国歌を斉唱する」などと規定する通達（実施指針）を都立高校長らに示した。教職員が校長の職務命令に従わない場合は、処分する方針を明確にしている。

「処分をちらつかせて、力づくで起立や斉唱や伴奏を強制して心の内面まで縛ろうとする。命令に逆らったら文書訓告では済まないでしょうから、おとなしく立って下を向いているしかありません」

そう言って現場の教員は首をすくめる。

通達はすぐに、各校の創立記念行事から適用された。式典前に教職員一人一人に「会場の指定された席で国旗に向かって起立して国歌を斉唱すること。着席の指示があるまで起立していること」などと書かれた校長名の職務命令書を交付。式場の体育館の舞台正面には「日の丸」と都旗が掲げられ、音楽専科教員が「君が代」をピアノ伴奏するなか、教職員全員が伴奏終了まで起立した。

都教委は式典に複数の指導主事を派遣した。八人も指導主事が来た学校もあった。

「指導主事がこんなに大勢来て教職員を監視するなんてまともじゃない」

都立高校の教員の一人はそう言って絶句した。

◇　◇　◇

東京高裁（宮崎公男裁判長）は二〇〇四年七月七日、東京地裁判決を支持し、福岡さんの控訴を棄却する判決を言い渡した。福岡さんは上告し、現在、最高裁で審理が続いている。

宮崎裁判長は口頭弁論を一回開いただけで、控訴審の審理を終結した。福岡さん側は「一審判決の学校現場への影響は想像以上に大きい。判決後の現場の荒廃と混乱を裁判所はぜひ目の当たりにしたうえで判断してほしい」と抗議したが、宮崎裁判長は「陳述書など多数提出されている証拠は十分に検討した」と述べ、控訴棄却を言い渡した。控訴審判決は、一審の判決文をほとんどそのまま引用する内容だった。

都教委は一審判決以降、都立学校のすべての校長に判決骨子と解説を印刷した文書を配布するなどして、教育現場に「君が代のピアノ伴奏は教員の職務である」との指導を徹底させている。

控訴審判決について、吉峯弁護士は「人権が公共の福祉に制限されるという判決は、従来の最高裁の憲法判断から相当後退した。一切の証拠調べをしないで即日結審したのはきわめて遺憾。『職務命令は違法でない』という判決の結論だけが一人歩きし、都教委のファッショ的体制によって教員の正当な権利が踏みにじられることがないように願う」と述べた。

第4章……

監視される都立高校の教師たち

「踏み絵」にされる「日の丸・君が代」

◎国旗に向かって起立

「北朝鮮並みなんですよ、都教委のやり方は。処分をちらつかせて起立や斉唱を強制し、権力によって心の内面まで縛ろうとする」

ある都立高校のベテラン教員はそう訴えた。

都教委は二〇〇三年十月二十三日、「入学式や卒業式等において教職員は国旗に向かって起立し、国歌を斉唱する」などと規定する通達（実施指針）を都立高校長らに示した。教職員が校長の職務命令に従わない場合は、処分する方針を明確にしている。

翌年三月の卒業式を待たず、通達は各校の創立記念行事（周年行事）から適用された。

適用第一号は十月三十一日。都立足立西高校の創立三十周年記念式典だった。生徒や教職員、ＰＴＡ

都立足立西高校の創立30周年記念式典。都教委の通達（実施指針）に従って、国旗と都旗が壇上正面に掲揚された

役員ら約九百人が出席した体育館では、舞台壇上正面に「日の丸」と都旗が掲げられ、式次第の冒頭で司会者がアナウンスを始めた。

「国歌斉唱。ご起立ください。前奏に続いてご唱和ください」

音楽専科教員が「君が代」をピアノ伴奏するなか、教職員は全員が伴奏終了まで起立した。

式典前日、教職員一人一人に対して、「会場の指定された席で国旗に向かって起立して国歌を斉唱すること。着席の指示があるまで起立していること」などと書かれた校長名の職務命令書が交付され、当日の休暇は一切認めない方針も示された。

「先生方は自分の意思に反することをさせられるので、戸惑っているようだった。いろいろな考えがあるだろうが、処分のないように気持ちよくやろうと呼びかけました」

都立足立西高校の湯浅友功《ゆあさとものり》校長はそう話す。

都教委は十月二十三日の臨時校長会で通達を出した後も、周年行事がある学校の校長を呼んで、式典の準備から運営まで細かく指示した。教職員の起立と斉唱を現認（確認）しなければならないから、教頭は司会をしないようにと指導し、教職員の座席配置にも注文をつけてきた。そのたびに式典の計画案は変更させられた。

通達が出されてから式典まで一週間。とにかく時間がないので慌てて対応したという。都教委の実施指針は「国旗とともに都旗を掲揚する」と定めているが、これまで同校ではイチョウの葉っぱをデザインした都の「シンボル旗」を使っていた。都旗は急きょ、都から借りた。

さらに都教委は当日、同校に高校教育指導課長や指導主事八人を派遣する異例の体制を敷いた。「国歌斉唱の際に教職員が起立して歌ったかをチェックするためではないか」という声に対し、湯浅校長は「初めてだから混乱が心配で来てもらうことにした」と説明する。

「指導主事がこんなに大勢やって来て教職員を監視するなんて、どう考えてもまともじゃない」

教員の一人は、そう言って絶句した。

◎同一文の職務命令書

翌日の十一月一日には、高島、大森、杉並工の三校でも創立記念式典が行われた。派遣された指導主事の人数は異なるが、足立西高校と同じような光景が繰り広げられた。校長から教職員一人一人に交付された職務命令書の文面も、足立西高校とほぼ同じだった。

都教委によると、年内に計十五の都立高校でこうした記念式典が行われた。十一月八日の深沢高校、十四日の東大和南高校の創立記念式典では、国歌斉唱の際にそれぞれ数人の教員が着席したり退席したりした。

着席した教員の一人は、「強制に反対する気持ちを、次代を担う子どもたちに示したかった」と話す。「内心の自由が侵されるというのに抵抗せず従うのでは、教員としての責任が果たせず、信念を曲げることになると思いました。処分のことは考えていなかったけど、ブラックリストに載ると異動などで不利になるかもしれません」

式典で国歌斉唱する際に、個人的に最も負担を強いられるのは音楽専科の教員だ。ピアノ伴奏という「具体的行為」をさせられるからだ。実施指針では「国歌斉唱はピアノ伴奏等により行う」とされているが、校長たちは例外なく、「国歌の伴奏を行うこと」と書かれた職務命令書を音楽専科の教員に交付した。

ある高校では、音楽専科の教員が「子どもが急に熱を出して休むかもしれないのだから、CDを用意しておいてほしい」と要望したら、管理職に「そんなものは近所の人に見てもらいなさい。本人が大けがで意識不明にでもならなければ休暇は認めない」と言われたという。

「抗議したり意見を言ったりしても、校長には裁量も何もなくて都教委のロボットみたいなんですね。私の意地として一回も練習せずにぶっつけ本番で伴奏しました。なるべく早く終わるようにテンポも速く弾いたんですが、放送部の生徒も気を利かせてボリューム調整して音を絞ってくれたみたいです」

音楽専科の教員の一人は「ささやかな抵抗です」と言って、そんなエピソードを打ち明けてくれた。

式典では国歌斉唱に先立って、司会者が「内心の自由」について触れることも許されなかった。その代わり、事前に各クラスで担任が生徒に説明したケースはかなりの数に上ったという。国歌斉唱の際、多数の生徒が着席した学校もあった。

こうした学校現場の混乱や動揺について、都教委の賀澤恵二《かざわけいじ》・高等学校教育指導課長は、「実施指針違反者は処分の対象になるから校長は厳しく対応したのでしょう。学校の管理運営の権限は校長にあるので、都教委が直接指導するわけにはいかない」と説明する。

教員の行動を監視しているという声には、次のように反論した。

「式典には学校設置者として祝意を述べに行った。現場の状況を体験させたいと考えて指導主事を連れて行ったが、立たない教員がいないか監視したという事実はありません。体育館にピアノがない学校や音楽専科の教員がいない学校もあるので、可能な学校はピアノ伴奏をしてくださいと指導しています」

◎誰のための週案か

都教委の実施指針が出される下地は、二〇〇三年四月の都教委定例会の議論にあった。「国歌斉唱時に一部の教員や生徒が起立しない、司会が内心の自由について説明する、舞台を使わずフロア形式の式をしている」などの学校が問題だとされ、教育委員が課題のある学校名の公表を都教委に迫った。

これを受けて都教委は、同年春の都立学校での式典での国旗掲揚・国歌斉唱の実施状況を調査。「国旗を正面に掲げずに三脚掲揚した高校が六割ある」などの数字を学校名とともに公表し、同年七月の都議会で、新しい実施指針を策定する方針を打ち出した。

「都教委は愛国心教育を強化してきている。そのうち、起立しないと非国民という声も出てくるのではないか」と東京都高等学校教職員組合の鈴木敏夫・副委員長は顔を曇らせる。

七月の都議会では、都議会議員が「都立高校では週案（一週間の指導計画）が提出されていない。授業内容を知れば、管理職が教材などの事前チェックもできる」と質問し、これを受けて都教委は、九月から都立高校での週案導入を決めた。

都立高校ではこれまで、年間指導計画は作成していた。教員が何を教え、生徒は何を勉強しているのかを知ってもらうため、冊子にしてオープンにしている学校もある。しかし週案は現場教員の負担が大きく、作成する教員は皆無だった。

週案の義務化には、教職員組合から反対の声が強く上がった。「教育内容について校長が教員を監督し、教材の適否まで判断することは許されない」というのだ。校長、教頭、主幹のラインによって、週案を管理や監視の道具に利用する意図があるとして、授業への介入を心配する意見も出されている。

◎リストに載れば排除

東京都ではこのところ、都立高校の教職員に対する締めつけが急ピッチで進んでいる。「アメとムチでがんじがらめで息がつまるようです」と現場教員は話す。

二〇〇三年から導入された主幹制度は、新しい中間管理職の創設として話題になった。

「エリートとして校長や都教委に認められた教員と、そうじゃない教員とを分けて、露骨に給与で差をつけることになる。まさにアメ。管理職の一方的な業績評価によって異動が決められてしまうのも問題だ」といった声がある。

さらに、授業観察、通勤経路の見直し、週案や自己申告書を提出しない教員のチェックなどは、前にも増して厳しくなった。

「都教委や管理職に楯突く人間を狙い撃ちして、排除するための材料集めをしているのではないか」という批判もある。

例えば人事考課制度導入に伴って始まった授業観察は、毎学期行われることになっているが、大規模校では教員数が多くて管理職の負担が大き過ぎる。評価基準や公平性が不明確だ、教職員をランクづけして分断することにつながる、などの反発も現場には根強い。

このため実際の運用では、管理職が教室の前を歩いただけで「見た」ことにするなど、各学校の実態に応じて時間や回数は臨機応変に対応している。ところが、「日の丸・君が代」に批判的な教員の場合は、校長と教頭が授業を最初から最後まで見て「内容が偏っている。都教委に報告するぞ」などと厳しく指導されたという。

都内の公立中学校では、男女共生の授業や平和教育に熱心な教員を「偏向教育をしている」と攻撃して、政治的に排除するために授業観察をするといったことも起きている。

「日の丸・君が代」が踏み絵として使われ、あぶり出されてブラックリストに上がった教員が狙い撃ちされるのだとしたら、思想統制以外の何ものでもない。

教職員の自由な議論の場だった職員会議が、「校長の補助機関」とされて、職員室の様子は一変した。教員は「言っても無駄」と発言しなくなった。従順な教員づくりは着々と進んでいる。

資料

東京都教育委員会の通達（実施指針）

（二〇〇三年一〇月二三日）

入学式、卒業式等における国旗掲揚及び国歌斉唱の実施について（通達）

1 学習指導要領に基づき、入学式、卒業式等を適正に実施すること。

2 入学式、卒業式等の実施に当たっては、別紙「入学式、卒業式等における国旗掲揚及び国歌斉唱に関する実施指針」のとおり行うものとすること。

3 国旗掲揚及び国歌斉唱の実施に当たり、教職員が本通達に基づく校長の職務命令に従わない場合は、服務上の責任を問われることを、教職員に周知すること。

入学式、卒業式等における国旗掲揚及び国歌斉唱に関する実施指針

1 国旗の掲揚について

入学式、卒業式等における国旗の取扱いは、次のとおりとする。

(1) 国旗は、式典会場の舞台壇上正面に掲揚する。
(2) 国旗とともに都旗を併せて掲揚する。この場合、国旗にあっては舞台壇上正面に向かって左、都旗にあっては右に掲揚する。
(3) 屋外における国旗の掲揚については、掲揚塔、校門、玄関等、国旗の掲揚状況が児童・生徒、保護者その他来校者が十分認知できる場所に掲揚する。
(4) 国旗を掲揚する時間は、式典当日の児童・生徒の始業時刻から終業時刻とする。

2 国歌の斉唱について

入学式、卒業式等における国歌の取扱いは、次のとおりとする。
(1) 式次第には、「国歌斉唱」と記載する。
(2) 国歌斉唱に当たっては、式典の司会者が、「国歌斉唱」と発声し、起立を促す。
(3) 式典会場において、教職員は、会場の指定された席で国旗に向かって起立し、国歌を斉唱する。
(4) 国歌斉唱は、ピアノ伴奏等により行う。

3 会場設営等について

入学式、卒業式等における会場設営等は、次のとおりとする。

(1) 卒業式を体育館で実施する場合には、舞台壇上に演台を置き、卒業証書を授与する。

(2) 卒業式をその他の会場で行う場合には、会場の正面に演台を置き、卒業証書を授与する。

(3) 入学式、卒業式等における式典会場は、児童・生徒が正面を向いて着席するように設営する。

(4) 入学式、卒業式等における教職員の服装は、厳粛かつ清新な雰囲気の中で行われる式典にふさわしいものとする。

厳戒態勢の都立高校の卒業式

◎まるで戦前——見せしめ戒告処分

「先生、座っていますね。現認します。○時○分」

「起立してください。立たないと職務命令違反になりますが、よろしいですね」

ある都立高校の卒業式。音楽専科教員による「君が代」のピアノ伴奏が始まり、教職員の多くが起立するなか、着席している教員に対して教頭はそう声をかけて回った。

卒業式シーズンを迎えた都立高校の各校で、こんな異様な場面が繰り返されている。

二〇〇三年十月から十二月にかけて実施された周年行事で、国歌斉唱の際に起立しなかったり退席したりした教職員は、都立高校の教員ら八人と都立養護学校の教員二人の計十人。翌年二月、十人は都教委に呼び出され、職務命令に違反したとして戒告処分を受けた。

国歌斉唱の時に起立しなかっただけで戒告というのは、きわめて厳しい処分だ。

「これまでなら、こんなのはせいぜい口頭注意とか文書訓告ですよ。それが立たないというだけで、いきなり戒告だなんて。まさに見せしめとしか言いようがありませんね」

そう話すこの都立高校の教員は処分されていないが、都教委の対応に怒りを隠さない。

今回処分を受けた教員の一人は、事情聴取のために都教委人事部に呼ばれた時に、管理主事からこう警告されたと証言する。

「老婆心ながら言いますが、上司（校長）の命令に従わないと重い処分になりますよ。一回だけなら服務事故で済みますが、職務命令違反を何回も繰り返すと公務員としての資質や能力に欠けるということになって、分限免職（クビ）になりますからね」

「同じことを三回やったら分限免職です」という「忠告」のされ方をした教員もいる。前例がないから、本当にクビになるかどうか真偽のほどはわからない。

しかし、都立高校の教職員の間には、減給や人事異動などの不利益を覚悟で抵抗しても処分を繰り返すとクビになる、「日の丸・君が代」で都教委や管理職に逆らえるのは三回までだ、という情報がしっかり浸透した。卒業式に向けて、処分の威嚇効果は十分に発揮された。

◎一律に統制——都教委の指示どおり

都立高校の卒業式に対して、準備から運営まで細かく指示する都教委の姿勢は、基本的には周年行事の時とほぼ同じだ。

式次第、教職員座席表、会場図、役割分担など、校長は一つ一つ都教委にお伺いを立て、確認と許可を得てはじめてゴーサインとなる。各校のカラーに応じて、バラエティー豊かな式が実施できる余地はまずない。本来はそれぞれの学校で議論し、校長の責任で決めることなのに、式典に関する各校の自由度はまったくといっていいほどなくなった。

卒業式の会場内と会場外の教職員配置、休暇をとった教職員を示した一覧表の送付とともに、「不起立教員など課題のある教員についての情報提供」を、校長に求めてきた都教委の指導部職員もいたという。

「校長も個人的には異常な事態だと思っているみたいだ。でも、『校長としては都教委から言われたとおりやらざるをえない』と繰り返すばかりで、教職員の意見にまったく耳を貸そうとしない。情けない」

多くの学校からそんな声が聞こえてくる。

二〇〇四年二月の校長連絡会では、都教委作成の「卒業式・入学式の適正な実施のために」と題する資料が配られた。「実施指針」に関して校長や教頭から寄せられた質問に、Q＆Aの形で回答したマニュアルだ。例えばピアノ伴奏についての項目は、こんな感じだ。

「体育館にピアノがない場合はどうすればいいか」という問いには、「物理的条件で実施できない場合についてはCD等での伴奏になる」と答え、「ピアノ伴奏等とあるがブラスバンドでもよいのか」との問いには、「可能である。指揮者については教員が行う」と回答。さらに、ピアノの代わりにキーボードの使用も認めるなど、細部にわたって指示している。ピアノに固執しているわけでもなさそうだが、音楽専科教員の役割には相当こだわっている様子がうかがえる。

マニュアルではこのほか、「内心の自由」について「あえて開式前などに説明する必要はない」と断言。「生徒は日本国憲法については学習して、思想・良心の自由が認められていることを知っている」というのが理由だ。そのうえで「教員が上司の職務命令に従って国旗・国歌を指導するのは責務である」と繰り返し説明している。

二〇〇三年まで都立高校の卒業式や入学式では、国歌斉唱に先立って「内心の自由」について説明する学校が多かったが、二〇〇四年はそうしたアナウンスは一切認められていない。

ある都立高校では、校長同席のPTA運営委員会の席で、役員が「これまでどおり『内心の自由』について説明してほしい」と要望した。PTA会長も「説明するべきだ」と同調したが、アナウンスが卒業式会場に流されることはなかった。

「保護者の皆さんとも話し合ったのですが、東京都の公務員としての職責を果たさなければならないんです。普通なら私の一存で構わないんだけど、都教委から指示が出ているので従わないわけにはいかない。生徒や保護者の気持ちを妨げて、起立や斉唱を強制するわけではない」

校長は取材に対して、申し訳なさそうな口調でそう答えた。

◎右へならえ――小中学校へも波及

都教委の通達は都立学校だけでなく、都内の市区町村立の小中学校にも波紋を広げている。都教委の通達が出てから、市区町村教委でも同じような内容の通達や通知が相次いで出されているからだ。

「都教委と市区町村教委の通達は違法で無効との警告を求める」などと訴えて、都内の小中学校の教員ら七十八人が二〇〇四年三月一日、第二東京弁護士会に人権救済を申し立てた。

「戦前でもこんなことはしなかったと思われるようなことを、都教委は強制している。教員が黙って職務命令に従って起立・斉唱すれば、子どもたちにも言われたままを教えなければならなくなる。小中学校でも状況は同じです」と、東京都調布市の市立中学校教員は話す。

東京都杉並区教育委員会は二〇〇三年十一月、都教委通達（実施指針）にそっくりの通知を区立学校長に出した。国旗掲揚の位置や、教職員に「指定された席で国旗に向かって起立し、国歌を斉唱する」ことを求めるくだりなども同じだ。

同区の区立中学校を前年に卒業した息子の母親は、昨年までの同校の素敵な卒業式が忘れられない。三年生は卒業式の一カ月くらい前から、三メートル×五メートルほどの大きな絵を描き始める。自分たちでアイデアを出し合い、地球や気球を水彩絵の具を使って素手で塗りたくっていく。この年のテーマは「自由にはばたこう」。大きな桜の木と鳥を描いた。「何ものにも縛られず自律して行動する」という校風を表現した作品だった。

みんなで描いた絵は舞台正面に飾られて、「日の丸」と校旗は舞台の左右に三脚で掲揚された。舞台に向かって座る卒業生と在校生は、お祝いの歌を合唱する時にはくるっと回転して向き合う形になる。「全員で門出を祝福する素敵な卒業式に感激しました」と母親は振り返る。

しかし、二〇〇四年からこういう卒業式はできない。舞台は国旗優先。卒業生と在校生が向き合うのもダメ。絵の制作も無理だという。

「子どもと先生の思いが上から一方的にねじ曲げられていく感じがします。先生のやる気だってそがれるでしょう。『君が代』が好きな人でも、押しつけられたら歌いたくなくなってしまいますよね」

◎主役は誰――とにかく日の丸？

卒業を祝ってもらう主役は、子どもたちのはずだ。しかしその子どもたちを押しのけてでも、「日の丸・君が代」を何よりも大切に扱うことを強要しようというのが、都教委の姿勢だ。

都立養護学校に通う子どもに対しても、都教委の通達は容赦がない。

周年行事の際には、障害のある子どもの介助で起立できない教員に正座するよう職務命令を出した学校があった。二〇〇四年の卒業式では、体の不自由な子どもたちも舞台壇上まで上がって、卒業証書を受け取れというのである。

養護学校の生徒には、たった十センチの段差が大変な負担になるという。スロープを使って壇上に上がるにしても、車イスだと危険が伴う。

養護学校に息子が通う母親は、「どうしてわざわざ壇上に上げさせる必要があるのか。通達によってフロアで卒業式ができなくなったのは、時代の流れに逆行しているとしか思えない」と訴える。

「ほとんど寝たきりで、手足も自由に動かせなかった子どもたちが、初めてほんの少し動かせるようになる。その努力を讃えて励ましてあげる場が卒業式です。カタツムリ以下の歩みかもしれませんが、ハラハラしながら深い感動で見守ってきました。一律の卒業式が、すべての子どもに当てはまるのでしょうか」

◇
◇
◇

都立国際高校（目黒区駒場）にも大きな変化があった。同校はこれまで、学校名にふさわしい国際色の豊かな卒業式や入学式を演出してきた。

在京外国人や帰国子女を数多く受け入れている同校には、二〇〇二年度は十五カ国・地域の生徒五十五人が在籍。二〇〇三年度は十二カ国・地域の生徒六十二人が在籍する。これまでの卒業式や入学式では、卒業生や新入生それぞれの国籍の旗をポールに立てて壇上に掲揚し、「日の丸」もその中の一本として並べていた。

ところが二〇〇四年の卒業式は、卒業生の国籍の旗を壇上に並べたほか、舞台壇上正面に「日の丸」を都旗と校旗とともに掲揚した。卒業生の国の旗が平等に掲げられた前年までと違い、「日の丸」だけが特別扱いされたことになる。

二〇〇三年末、同校ＰＴＡ運営委員会では、保護者の委員から「今までどおりのやり方でいいのでは」との意見が出された。

これに対し、川島由夫校長は「都民の税金で運営されている都立学校としては、設置者（東京都）の意向に従う必要がある」と説明。「国旗・国歌が、これまで学校できちんと取り扱われていなかったのはおかしなことだ。日本の国旗・国歌を他国のものと同じように尊重するのは必要であり、平和と協調のシンボルとする努力をしていかなければならない」と述べるとともに、生徒の卒業対策委員会や全体集会でも同様の説明をした。

一方、生徒会が発行する週刊の広報紙は、生徒からの投稿記事という形で、都教委の通達と国旗掲揚・国歌斉唱の問題を掲載。「君が代」の歴史や都教委の不起立教員処分などを解説して、問題提起した。

保護者の一人はこの生徒会広報紙の記事を読んで、「しっかり考えている生徒がいるのを知ってほっとした」と話す。

「舞台正面に日の丸を大きく飾るなんて、国際高校の校風にそぐわない。日本の国旗・国歌だけ敬意を払えという教育はおかしいですよ。都教委の通達は、本当の意味での国際化や国際交流に反すると思います」

旗と歌が、みんなを同じ方向に向ける道具として使われている。まず最初に教員に絶対服従が強いられているが、次が子どもたちの番なのは火を見るよりも明らかだ。教育現場は、崖っぷちに立っている。

「踏み絵」にすくむ教師たち

◎伴奏――権力ちらつかせて強要

国歌斉唱の際に起立しないというだけで、厳しく処分される都立高校の先生たち。音楽の先生はピアノ伴奏を強いられる。「踏み絵」として差し出された「日の丸・君が代」の前で、「思想・良心の自由」との折り合いがつかない先生たちは、孤立感を深めるばかりだ。

「ずっと『君が代』のことが頭から離れないんです。弾きたくないけど弾かないと処分される。どうすればいいいんだろうって考えると、眠れなくなるんです」

国歌斉唱の際に、ピアノ伴奏を義務づけられた都立高校の音楽専科教員の多くが、程度の差はあるがそんな悩みを抱えて苦しんでいる。

学校行事での国旗掲揚と国歌斉唱を徹底させるために、東京都教育委員会が二〇〇三年十月二十三日付で出した通達（実施指針）。これによって、最も大きな精神的負担を強いられるのは、各校に一人いるかいないかの音楽専科教員だ。

国歌斉唱に違和感がなければ何の問題もないかもしれない。だが「君が代」に抵抗感がある教員にとって、ピアノ伴奏という「積極的な行為」をさせられるのは大変な苦痛となる。自分の奏でるメロディーが生徒や保護者に斉唱を促すことにもなるから、なおさら悩みは深い。

ある都立高校の音楽専科の先生は二〇〇三年、都教委通達が出たその日に、校長から国歌斉唱の際の役割を軽い感じで告げられた。年が明けて間もなく、再び校長室に呼ばれた。この時には、「やってもらわないといけないからよろしく」「必要があれば職務命令を出しますよ」と、はっきり伴奏を迫られた。

先生は「君が代」のピアノ伴奏はしたくないと思っていたが、「困っています。つらいんです」とだけ口にした。すると同席していた教頭がこう言った。

「職務の一環ですからね。弾かないのならこの仕事を辞めるしかないですね」

伴奏するともしないとも言っていないのに……。「それって恫喝ですね」と応じると、校長は慌てて「今日のところはここまでにしましょう」と話を打ち切った。数日後、教頭は「この前の発言は撤回して謝罪します」と頭を下げてきたという。

「権力をちらつかせれば、当然おとなしく言うことをきいて伴奏するだろう」と、管理職や都教委は簡単に考えている節がある。しかしそこには、意思に反した行為を強要される教員の心情を思いやる気持ちはかけらもない。

この先生は「日の丸・君が代」について、「歴史的清算がされていないことがとても気持ち悪い」と考える。だから伴奏は嫌だという。

「別の旗や歌なら構わないんです。だけどあの歌はやっぱり、戦後民主主義の世の中にはそぐわないと思う。百歩譲ってあの歌でいいとして、だったらＣＤで流せばいいじゃないですか。ピアノ伴奏させることの意味がわからない」

◎不眠——もう辞めるしかない

都教委の強権的なやり方に対する怒りは、たぶん都立高校の先生みんなが共有しているだろう。音楽専科の立場も、職場ではみんな理解してくれている。先生はそう感じている。しかし心情的には理解してくれていても、「君が代」の伴奏については拒む術がない。

先生は、だんだん体に変調を来すようになってきた。眠れない、注意力が散漫になる、胃がしくしくと痛む……。卒業式が近づくにつれて管理職からいろいろ言われ、精神的重圧がますます膨らみ、体に異変が現れるのだった。

精神科の病院を訪ねて診察してもらった。医師に「これだけ症状が出ているのなら、学校を休んでしまいなさい」と指示され、先生は一カ月間の病欠を取った。

卒業式の日、体育館にはピアノ伴奏ではなくCDで「君が代」が流されたが、特に問題もなく式典は滞りなく終わった。だけどすぐにまた入学式がある。当然そこでもピアノ伴奏が待っている。「君が代」からは逃れられない。先生は引き続き、学校を休もうかと思っている。

「毎年毎年、一年に二回ずつ、こんなことがずっと続くんですよね。早く次の仕事を見つけて、学校を辞めるというのが結論です。ほかの仕事があれば、いつでもすぐに辞めたいというのが今の気持ち。音楽の仕事はこれからも続けていきたいけど、石原都知事に雇われるのはまっぴらごめんです」

ピアノ伴奏を強要されて、体が拒否反応を起こしてしまったのは、この先生一人だけではない。別の都立高校の先生も、やはり同じように心身の不調を訴えた。

その先生の学校では、都教委の通達が出てから一週間後の職員会議で、校長が通達文書のコピーを教職員全員に配って「来年の卒業式はこれでやります」と宣言した。

先生はその時、事態をそれほど深刻には受け止めていなかった。この年度からすぐには実行されないだろう、通達には「ピアノ伴奏等」と書いてあるし、何年か猶予があるだろうと楽観的に考えていたのだ。

ところが、二〇〇三年秋にいくつかの学校で行われた創立記念行事（周年行事）に、都教委から指導主事が何人も監視に来て、起立しない教員はチェックされた様子を聞いて、これは大変なことだと思い知らされた。

「音楽の教員がいなければCDやテープでの伴奏もあるが、本校には音楽の教員がいるから卒業式はピアノ伴奏でやる」

校長は職員会議でそう明言した。一対一で校長と話してみたが、「通達のとおりでないとダメだ」と埒があかない。「一般企業では意に沿わないこともやらなければならないんだ。教員は甘やかされている。一般社会では通用しない」とも言われたという。

何百人の中の一人として歌うことと、ピアノで伴奏することは意味が全然違う。伴奏という行為は、何百人の人に「さあ歌いましょう」と促す立場になるからだ。それに、「音楽は心だよ」と教えている音楽の教員が、自分の意思に反してピアノを伴奏したら、生徒から不信の目で見られてしまうだろう。

この先生も、ピアノ伴奏のことが頭から離れなくなって眠れず、精神神経科の診察を受けた。処方してもらった睡眠薬を飲めば確かに眠れるが、翌朝まで頭がぼーっとして起きられなくなった。

体調が悪くてまいっているのは、同僚も管理職も知っている。しかし周囲に「学校に出られない」とこぼしても、根本的な問題が解決されない限りどうにもならない。

「眠れない。薬を飲むと頭が鉛のように重くて起きられない。もうダメだ」

先生は、診断書を書いてもらって病気休暇に入った。精神神経科の医師から「原因ははっきりしている。卒業式と入学式が終わるまで休みなさい」と言われたという。

学校を休めば症状はよくなるかと思っていたが、眠れない状態は今も続いている。

「今回は病欠で伴奏がパスできたとしても、来年また同じ場面がやってきて憂鬱になる。今の仕事が続けられるんだろうかという不安に、気持ちは移行してきています。でも職を失えば路頭に迷う。家族もいるし板挟みですよ。来年の卒業式までに身の振り方を考えます」

校長は個人的には心配してくれているようだが、「職務命令だからやれ」としか言わない。個人の気持ちのレベルでは、もうどうしようもない。先生は孤立感を深めている。

体が拒否反応を起こす状態まで追いつめられなくても、「君が代」伴奏のプレッシャーに苦しんでいる音楽専科教員は少なくない。

◎圧力——粛々と通達を順守せよ

二〇〇四年二月中旬。都立高校の音楽専科の全教員に宛てて、東京都高等学校音楽教育研究会（高音研）会長名で、「入学式・卒業式等における国旗掲揚及び国歌斉唱の実施について」と題する文書が送られてきた。

文書は、「入学式・卒業式等の適正かつ円滑な実施のために、音楽科教諭の果たすべき責任は極めて重大である」としたうえで、「万一、式進行の要となる音楽科教諭が個人的な思いにより、学校長による職務命令を逸脱した行動を取り、厳粛であるべき式の流れを妨げるようなことがあれば、参列者の期待を裏切り、都民に対する都立高校教育の信用を失墜させる」と述べ、「校長の命に服し、都教委教育長の通達を順守し、卒業式等の係分担を粛々と行うように」と結ばれていた。

高音研は、都立高校のほか、東京都内の国・私立高校の音楽専科教員が参加する任意の教育研究団体で、約二百人の会員がいる。

文面を見た音楽教員たちからは、批判や抗議の声が噴出した。

「追いつめられて体調を崩している人もいるのに、こんな一方的な文書を出すなんて許せない。都教委の通達に抗議しないなら、せめて何もしてほしくなかった」

これに対して、高音研の理事長は「都高音研会員の皆さま」と題する文書を私信の形で発信した。「教育研究団体である高音研に政治的課題はなじまないと常任理事会で確認したのに、都教委の意向に沿った内容の文書を会長名で送付することに戸惑いと憤りを感じる」と批判するとともに、今回の「会長文書」の作成と送付に際して、都教委からたび重なる要請があった経緯を列挙。「高音研へ都教委の政治的圧力が強まっている」と訴えた。

関係者の話を総合すると、高音研会員に「会長文書」を出すようにとの都教委の強い圧力に、会長はかなり苦慮したようだ。だが結局は押し切られ、文章を多少変更する程度の抵抗しかできなかったという。

高音研の長沢功一会長（都立小平南高校長）は、「文書は都教委とは関係なく私の判断で、現場の混乱がないようにとの思いで出しました。弱小教科の状況を考えると私も苦しい」と話す。

「都教委通達にピアノ伴奏が明記されていて、音楽科の教員は一人で受けて立たなければならない。いろいろな考えの先生がいるが、ああいう通達が出た以上は伴奏を拒否すると処分される。個人の思いを超えた問題になってしまったんです」

都教委の賀澤恵二・高校教育指導課長は、「高音研会長の立場で文書を出したいという話は聞いたが、こちらから出してくれと言ったことはない」と話している。

◎脅迫——もっと教室で教えたい

二〇〇四年三月で定年退職を迎えた都立高校のある先生は、この年の最後の卒業式では戒告処分を覚悟で、国歌斉唱の際に立たないことを決めていた。

日本国憲法とともに生まれ育ってきたこの先生は、憲法の大切さを生徒たちに話し続けてきた。戦前は戦争遂行に教育が利用されたから、行政の教育への不当な介入を許してはならないと思うし、「日の丸・君が代」の強制に反対する思いも強い。

ところが同年二月下旬、都教委は都立高校長らに対して、「再任用職員等の任用について」と題する通知を出した。そこには、「再任用または嘱託員の合格者が退職日までに服務事故等を起こした場合には、在職期間中の勤務実績不良として任用しないことがある。改めて服務指導等をお願いしたい」と書かれていた。

定年を迎える教員の多くは、年金受給年齢までの生活設計を考えて再任用を希望し、大半が希望どおり採用される。しかしこの通知によると、四月から再就職する学校が決まっていても、都教委通達に従わず処分対象となれば、採用の取消しもあるというのだ。

先生も再任用先の学校が決まっていたので、この通知には困ったなと思った。先生は四月から赴任する学校で、今の学校ではできなかった授業を展開してみようと意欲を燃やしていた。お金のことならなんとかなる。それよりも、教壇に立てなくなることがこたえた。

「自分が培ってきた研究成果を生かして、あと二年は授業をやってみたいんですよね。それができなくなるのはつらいんだよなあ」

どうしようかと考えると、夜中にはっと目が覚めてしまう。同僚の先生たちからは「今回は黙って起立すれば」と言われた。

「踏み絵とまったく同じですね。こんなひどいことが教育の現場で起きているなんて、まともじゃない」

迷った。当日の式場の様子を想像すると目がさえてきて眠れない。不整脈が出て吐き気まで起きるようになった。体が拒絶反応を起こして、結局、先生は卒業式を休んだ。

「情けないありさまです」。先生は小さな声でつぶやいた。

自分が心の中で考えていることと正反対の命令に、黙って従える人は幸せかもしれない。しかし納得できないことを強いられ、処分を前にして葛藤している先生が大勢いる。

それでも都教委職員や校長は職務に忠実に、何も考えず「日の丸・君が代」への忠誠を強要し続けるのだろうか。そうまでして忠誠を誓わなければならない「日の丸・君が代」って何なんだろう。

「拙速大量処分」に広がる波紋

処分を前提とした事情聴取。弁護士同席の要求は一切拒否。適正手続きすら無視して突っ走る——。東京都教育委員会による教職員の大量処分に、波紋が広がっている。手続きがずさんで、処分発令を急ぎ過ぎるからだ。

二〇〇四年春の卒業式で国歌斉唱の際に起立しなかったなどとして、都教委は三月末、都立高校と都立養護学校の教職員百七十一人を戒告処分にし、定年退職後に再雇用された嘱託教員五人の契約更新を取り消した。戒告処分の教職員のうち、年度末で定年退職となる三人の新規再雇用も取り消した。

さらに都教委は四月六日、市立小中学校と都立養護学校・ろう学校の教職員二十人を追加処分した。卒業式で国歌斉唱時に起立しなかった養護学校の教諭を減給十分の一（一カ月）としたほか、小学校七人、中学校三人、養護学校七人、ろう学校二人を、不起立やピアノ伴奏拒否、指揮拒否を理由に戒告とした。

これで、この年の春の卒業式で処分された教職員は計百九十六人。六日と七日がピークの入学式で都教委通達に従わなかった教職員が数十人いるため、処分者はさらに増える。

これほど大量処分が出るのは異例だが、嘱託教員の契約打切りや新規再雇用の合格取消しも異常事態だ。定年を迎える教員の多くは、年金受給年齢までの生活を考えて再任用を希望し、例年なら大半が希望どおり採用される。都教委人事部によると、二〇〇四年三月末で定年退職の都立学校教員は三百二十六人。このうち二百五十三人が再任用や再雇用を申し込み、二百五十二人が選考に合格していた。「よほどのことがなければ不合格にはならない」という。

卒業式の国歌斉唱の際の不起立を理由に合格が取り消されることなど、これまでに例がない。今回、再雇用が決まっていた教員の一人は、赴任先の校長との面接も済ませ、時間割編成などの問合せもあった。四月一日の辞令交付式直前の処分に、この教員は絶句した。

「立たなかっただけでこんな仕打ちをするなんてひど過ぎる。しかも調査らしい調査もしない。問答無用の姿勢は異常ですね」

処分までのスピードも前代未聞の早さだった。事情聴取から処分決定まで、わずか二時間というケースもあった。「入学式前の見せしめとするために処分を急いだ」と関係者は指摘する。また、多くの教員が事情聴取の際に弁護士の立会いを求めたが、都教委は第三者の同席を一切認めなかった。

「弁明の機会が与えられないまま処分された教職員が多数いる。弁護士の立会いを拒み、一方的に事情聴取を打ち切って不利益処分をするのは、手続き的にも問題がある」教員たちの弁護団は、都教委の姿勢をそう批判する。

これに対して、都教委人事部職員課の藤森教悦課長は「職務内容を聞くのに第三者が介する意味がわからない。犯罪者の取調べではないのだから弁護士が入り込む余地はないし、事情聴取をしなくても法律的に問題はない」と説明している。

処分された教員の多くは、処分取消しを求めて東京都人事委員会に審査請求した。またこれに先立って、国歌斉唱義務不存在の確認などを求める「予防訴訟」が、二百人以上の教員を原告に始まった。どちらも教職員組合とは別の有志の行動だ。

東京都高等学校教職員組合(都高教)は、「日の丸・君が代」の強制反対を訴えているが、組織の団結を守るために「処分者を出さない」という方針を掲げる。不起立や裁判を表立って支援することはない。鈴木敏夫副委員長は「処分覚悟の抵抗だけでなく、署名や集会などで、保護者や都民の理解を進めていくことが必要だ」と訴える。

弁護団は「裁判は本来は教職員組合が取り組むべきだが、組合が対応できなければ弁護団が引き受ける」と話している。

校長からも批判と悲鳴

◎批判できない雰囲気

「東京都教育委員会の暴走は止まりません。都議会で議員がタイミングよく質問し、それに教育長がうまく連携して答弁する。異常な事態ですね。まともじゃない」

ある都立高校の現役校長・片倉貴志さん（仮名）はそう言い切って、都教委の姿勢にはっきりと嫌悪感を示した。

「そのうち、生徒や教員が歌っているかどうかをチェックするように言ってくるだろうと、校長の間では噂になっています。こんなことは親しい仲間にしか話せませんが」

二〇〇三年十月、都教委が都立高校長らに示した「日の丸・君が代」の徹底を求める通達（実施指針）が、すべての始まりだと片倉校長は言う。都教委は職務命令に従わなかった教職員約二百五十人を処分し、国歌斉唱の際に起立しなかった生徒が多い学校の担任や管理職らに対しても、厳重注意などの指導をした。

「都教委の指示どおりにやらなければ、私たち校長が処分されるからやむなく職務命令書を出しましたが、指定された場所で起立して斉唱しろだなんてやり過ぎです。都民から圧倒的に信任された石原慎太郎都知事が自信を持ってやっている施策だから、都立高校の校長の立場では従わざるをえないけど、内心ではおかしいと思っていますよ」

しかしそう思っていても、公にそんなことを校長が口に出して言えるような雰囲気ではない。校長のなかには、都教委のやり方を積極的に支持している人もいる。「もっと細かく指示を出してほしい」と言い出す校長まで現れた。都教委に一から十まで指示された方が自分で判断しなくていい、というのだ。

その結果、教員が生徒の方を向いて（国旗に対して）斜めに立つのはいけないとか、国歌斉唱の際に生徒を起立させなければならないなど、通達（実施指針）のどこにも書かれていない部分まで踏み込んで、どんどん指示が広がっていく。

「校長もいい子になりたいのですかねえ。学区ごとの校長連絡会で足並みをそろえてやろうなどと、校長の側から進んで申合せをする動きが出てくるんです」

校長連絡会には都教委の役人が必ず出席する。おかしいと思っても、反対の声を上げたりすればマークされる。校長としての業績評価に響くことになる。管理職から一般教員に降格を促す人事制度が導入されたこともあって、発言には二の足を踏む。

◇◇◇

校長と教員の人間関係も、都教委通達が出てからおかしくなっているという。都教委のロボットみたいな校長に反発して、学校運営に非協力的な教員がいれば、その一方であからさまに校長にすり寄ってくる教員もいる。そんな職場環境だから、教員同士の関係もぎくしゃくしてくる。

「校長と教員は、お互いに信頼し合って一緒に仕事をしている。そうでなければ学校運営は成り立ちません。それなのに都教委は一方的に、校長権限を行使せよ、教員の処分を具申せよと言ってくるんです」

都立学校の校長権限が強化されている側面は確かにある。「都立というぬるま湯の中で、これまで教員は手抜きをしていたと思います。授業の下手な教員に、校長が授業観察を通じていい仕事をしてもらうように指導するのはいいことです」と片倉校長は指摘する。校長権限による指導力の発揮ということだろう。

ところが「日の丸・君が代」の問題になると、校長の権限は皆無に等しくなる。都教委の指示に従うだけの存在になってしまうのだ。

◎校長は営業所の所長

二〇〇三年秋の創立記念行事（周年行事）と翌年春の卒業式・入学式では、「会場の指定された席で国旗に向かって起立して国歌を斉唱すること」などと書かれた校長名の職務命令書が、教職員一人一人に交付された。文章や体裁はどの都立高校でもほぼ同じだった。不起立や伴奏拒否などの職務命令違反をした教員について、校長が都教委に提出する「服務事故報告書」の書式も統一されていた。「厳正なる処分または措置をお願いする」という結びの言葉も同じだ。校長会がひな形を作成して回覧したことになっているが、モデルパターンは都教委の提供だという。

「都教委通達は校長に対して出されているが、実質的には都教委から教員への職務命令だ。校長はその仲立ちをさせられている。軍隊の命令系統みたいなものです」

そんな解説をしてから、片倉校長は都教委の対応ぶりの矛盾を指摘した。

「そもそも卒業式や入学式のやり方は校長の権限に属することで、都教委のやっていることは明らかな越権行為です。特色ある学校、校長権限の強化という方針と矛盾している。都教委は必ず『指導』という言葉を使って、最後には『校長先生の判断です』と言いますけどね」

都立学校の卒業式や入学式の会場には、都教委から課長や指導主事らが多数派遣された。

都教委は、「学校の管理運営の権限は校長にあるので、都教委が直接指導するわけにはいかない。都教委職員は式典に祝意を述べに行った。監視ではない」と説明するが、校長たちは「お目付け役として派遣された」と認識している。

片倉校長は卒業式で、指導主事から「舞台に上がったら国旗に礼をするものです」と指摘された。これまで「日の丸」に頭を下げたことなど一度もなかったが、舞台に上がるたびにぺこりと頭を下げた。そんなところで目をつけられても仕方がないと思ったからだ。

礼をしないことで「あそこの校長の姿勢はおかしい」などと言われ、業績評価に反映されでもしたら学校予算や人事に悪影響が出かねない。都教委が気に入るような卒業式をきちんとやり遂げるのは、校長にとって重要な仕事なのだ。結局、舞台壇上で「日の丸」に向かって合計三回頭を下げた。

「校長は営業所の所長といったところですかね。なんでも本社の言うとおり」

片倉校長は都立高校長のイメージを自嘲気味にそう表現する。

「今どき都立高校で管理職をめざす人は、よほど勇気のある人でしょう」と苦笑いした。

最近、よその県の校長仲間たちと顔を合わせると、みんなが「東京はどうなっているんだ」と都立高校の状況を聞きたがる。そうして「いずれはこっちの方にも波及してくるんだろうな。嫌だな」と一様に不安な表情になるという。

「都立高校はかつて他県の教員から憧れの的だったが、今はもう同情の対象です」

◎押しつけはおかしい

二〇〇四年三月まで都立高校長だった阪東吉之さん（仮名）は、都教委通達を目にした時、「ここまでやらないとダメなんだ」と思って呆然とした。これまでは学校の自主性や実情に応じて、式典の形はある程度アレンジすることが許されていた。それがすべて例外なく形を整えて統一させられることになる。

「日の丸・君が代」の扱いについて、阪東前校長は「過去に果たしてきた役割を考えると慎重にならざるをえない」と思う。「日の丸」は認知されているが、それでも舞台正面に掲げるのはナチスみたいで嫌な感じがする。「君が代」は天皇のもとに心を動員させるにおいがする。

「仕事だからどちらも実施指針に従ってやりましたけどね」

いろいろな考えや立場の教員や生徒に配慮した「特色ある卒業式」は、残念ながらできなかった。

「教育委員会の職務は事務的なものに限られているはず。拡大解釈して教育内容にまで踏み込んでくるのはおかしいですよ。そもそも実施指針は都教委の内部で決めた細目に過ぎないのに、それに従わないからといって服務違反に問うというのもおかしい。法治国家なんだから」

阪東前校長は納得いかない。

もう一人。二〇〇四年三月まで都立高校長だった蒔田弘明さん(仮名)は、「日の丸・君が代」について、「国旗や国歌がない国なんてないのだから、卒業式や入学式で扱うことには反対ではない」という立場だ。しかし、都教委通達と実施指針については「どうしてここまでやるのか」と疑問を感じていた。教職員に一人ずつ職務命令書を渡せとか、座席を指定して向きまで変えろとか、イスの並べ方までとやかく口出しして、一律に細かいことを押しつけてくる都教委のやり方に強い抵抗感があったという。

「口頭であろうが文書であろうが職務命令の効果は同じ。私なら文書で職務命令を受け取るなんて嫌ですね。教員を信用していないみたいなことはできません」

卒業式前、蒔田前校長は「私は実施指針どおりやります」と公言して、指針に書かれていない職務命令書の交付はせず、教員の座席指定もしなかった。都教委からは何回も確認の電話が入り、高等学校教育指導課長が事情を聴きに直接学校にやって来た。

「画一的に押しつけること自体がおかしいんです。上から押しつけても改革にはならない。国旗・国歌に決着をつけたいという都教委の気持ちはわからないことはないが、いろいろなアプローチの仕方があるのだから、現場に任せるべきだ」

蒔田前校長はこれまでも、都教委の方針に疑問があれば、都教委主催の校長連絡会で積極的に発言してきた数少ない校長の一人だ。今回、職務命令書を出さなかった行動もそうした姿勢の延長線上にある。

「任命権者の都教委に人事を握られているから、先のある人は言いにくいかもしれないが、言うべきことはきちんと言わなければ。五十人とか六十人の教員を背負っている校長が、校長連絡会のような場で発言しないと現場の声は伝わらない」

蒔田前校長の行動に対して、ほかの校長たちから「都教委は職務命令書を出さなかった校長を指導しないのか」と抗議する声が出たという。校長会でそろえた足並みを乱したことへのブーイングらしい。もちろん校長の全員がこうしたブーイングに同調しているわけではなく、心ある校長からは抗議に対して自省を求める声も聞かれる。

◎政治的中立はどこへ

二〇〇四年二月の校長連絡会で、都教委はQ&A形式のマニュアルを作成して、「生徒に内心の自由について説明する必要はない」と校長を指導したことになっているが、実際にはさらに踏み込んだ表現で「内心の自由について触れてはいけない」と指導していたという。だから、校長たちは前年の春までとは打って変わって、公式には生徒に「内心の自由」の説明をしなくなったのだ。

都教委は同年五月二十五日、不起立の生徒が多かった学校の学級担任や管理職ら計五十七人を厳重注意などとし、このほか生徒に「内心の自由」について説明した担任ら十人は「不適切な発言」があったとして指導すると発表した(第5章参照)。

「内心の自由について話すと自分が処分されることになるが、指導しても生徒が立たなかったらそれは仕方がないだろう。都教委の今回の処分はやりすぎだ」と片倉校長は眉をひそめる。

都教委の止まらない「暴走」の背景について、校長たちは都議会議員の存在を指摘する。とりわけ熱心に都議会で「日の丸・君が代」の問題を取り上げている議員の一人が、民主党の土屋《つちや》敬之《たかゆき》都議だ。

土屋都議は二〇〇四年三月の都議会予算特別委員会で、「生徒に歌わない自由を強調する指導は問題だ。卒業式で生徒の大半が国歌を歌わない場合は、教師の指導力不足か、誘導的な指導が行われていることになる」などと質問。これにあうんの呼吸で応じるかのように、横山洋吉教育長は「国歌斉唱時にクラスの大半が起立しないのは、国旗・国歌の指導が適切に行われていないと言わざるを得ない」と答弁している。

副知事待遇の教育長は都知事と一体化した存在だ。石原都知事は同年四月の記者会見で、七月に任期が切れる教育長人事について「あんないい教育長を誰が替えるんだよ」と答えた。

「知事の思惑を、忠実にブルドーザーのように実行している人」。校長の一人は横山教育長のことをそう表現する。

これに対して、ある前校長は「校長は都教委の運転手みたいなもの。行けと言われたところに行くしかない。本来は学校を切り盛りするのが校長の役目なんだけど、都立高校の校長に裁量権なんてないからね」と解説した。

教育委員会は政治的中立を守り、教育内容に踏み込まないのが大原則だ。学校の最高責任者である校長への都教委の乱暴狼藉は、教員や生徒を侮辱するに等しい。

不起立「加重処分」でついに停職

国歌斉唱の際に教員が起立しなかっただけで、東京都教育委員会はついに停職処分を発令した。福岡地裁ではこの一カ月前、不起立を理由にした教員の減給について処分取消しを命じる判決があったばかり。「日の丸・君が代」を強制する都教委の「暴走」は、とどまるところを知らないようだ。

都教委は二〇〇五年五月二十七日、同年四月の入学式で国歌斉唱の際に起立しなかったなどとして、公立学校十校の教職員十人を職務命令違反で懲戒処分した。三月の卒業式の不起立で減給十分の一（六カ月）を受けるなど、今回で四回目の懲戒処分となった立川市立立川第二中学校の根津公子さん（54歳）＝二〇〇六年四月から町田市立鶴川第二中学校勤務＝が停職一カ月とされたほか、都立高校教員三人が二回目の処分で減給十分の一（一カ月）、同教員六人が戒告処分を受けた。戒告の一人はピアノ伴奏拒否、ほかの九人は不起立が処分理由とされた。

「日の丸・君が代」をめぐっての停職処分は初めて。都教委は二〇〇三年十月に国旗掲揚や国歌斉唱を徹底させる通達を出して以降、職務命令違反を理由に約三百人の教員を懲戒処分しているが、全国でも東京都が突出しているのは、累積加重処分で教員を従わせようとしている点だろう。国歌斉唱の際に起立しないだけで、処分がいきなり「戒告」からスタートするのも異例だが、不起立などの職務命令違反が二回目、三回目と重なるにつれて、どんどん重い処分になっていくのが都教委処分の特徴だ。「職務命令違反を何回も繰り返すと分限免職ですよ」と都教委人事部の管理主事から忠告された教員もいる。

福岡地裁（亀川清長裁判長）は二〇〇五年四月二十六日、国歌斉唱の際に起立しなかった北九州市の教員四人に対する市教委の減給処分について、「社会通念上著しく妥当性を欠き、裁量権の範囲を逸脱している」などとして処分の取消しを命じたが、都教委の今回の処分発令は裁判所の判断など眼中にないと言わんばかりだ。それだけに学校現場に与えた衝撃は大きい。

それでも、停職処分とされた根津さんは「自分に嘘をつかない生き方を示すことで、教育に責任を持ちたい。子どもたちには自分で考えて判断する人間になってほしい。免職は嫌だが理不尽なことには服従できません」と話す。

こうした懲戒処分のほか、都教委は今回、卒業式と入学式で生徒や保護者に対して、不適切な指導や言動があったなどとして、都立高校五校の教員五人を厳重注意や指導とすることを決めた。

関係者によると、ホームルームや式場で、憲法で保障されている「内心の自由」について触れて、「斉唱も起立も各自で判断してください」などと説明したことが「不適切」だと判断された。また休日に、前任校の卒業式に来賓として出席した都立高校教員が「いろいろな強制があるなかであっても、自分で判断し行動できる力を磨いていってください」と述べ、国歌斉唱の際に起立しなかったことも問題にされたという。

「思想・良心の自由」という当たり前の基本的権利を説明したことまで、咎め立てされることに対し、教員らは「どこが問題なのか理解できない」と憤る。

都教委指導企画課の岩佐哲男課長は、「厳重注意や指導は処分ではない。何がどう適切でなかったかなど個別の事例についてはお答えできない」としている。

これに対して、堀尾輝久・東大名誉教授、西原博史・早大教授ら、教育学や憲法学などの研究者百二十二人は二〇〇五年六月、都教委を批判する抗議声明を発表。「国歌斉唱の際、教員に職務命令を出して起立させることは、憲法と教育基本法に照らして違法としか考えられない」「教員を利用することによって子どもたちを特定の価値に従わせることを目的とするもので、教育委員会が有する権限の範囲を著しく逸脱することは明らかだ」などと都教委の姿勢を批判した。

コラム

不起立で停職の先生、正門前に「登校」

二〇〇五年四月の入学式で国歌斉唱の際に起立しなかったとして、東京都教育委員会から停職一カ月の処分を受けた立川市立立川第二中学校の根津公子さん（54歳）＝二〇〇六年四月から町田市立鶴川第二中学校勤務＝が、処分の取消しを求めて、勤務校である立川二中の正門前に抗議の「自主登校」を続けている。「先生、どうして中に入らないでここにいるの？」。生徒たちとの会話を通して、根津さんは「生きた教材」を使った「青空教室」を展開している。

根津さんは、同年三月の卒業式での不起立を理由に減給十分の一（六カ月）とされるなど、今回が四回目の懲戒処分となったため、五月二十七日付で停職一カ月の処分を受けた。「日の丸・君が代」をめぐって停職処分が発令されたのは初めてだ。四月には福岡地裁が、不起立を理由にした教員の減給について、処分取消しを命じたばかりだった。

「起立しないだけで処分され、しかも停職処分なんて納得できない。私は悪いことをしたわけではない。本当は授業をしたいのに許されなくなった。そのことを生徒たちにわかってもらいたいんです」

そんな思いから、根津さんは停職期間の一カ月、朝から放課後まで学校の正門前に毎日登校することを決めた。

「一つの価値観を押しつけて従わせる『君が代』斉唱は、教育を否定する行為です。そんな職務命令には従えない。服従しない者には徹底した弾圧を加えて学校現場から排除するやり方は、戦前の軍国主義教育や治安維持法を思わせます」と根津さんは話す。

「自主登校」の初日、正門前で教え子らと話し込む根津公子さん＝2005年5月31日午後2時過ぎ、東京都立川市の市立立川第二中学校で

「まちがっていると思うことには命令でも従えないのです」と手書きした小さなプラカードを横に置いて、正門前の自主登校を始めた根津さんに、生徒たちの反応は率直だった。「先生、どうして学校の中に入れないの？」と疑問を持った生徒たちと、初日からさっそく話し込む姿が見られた。

下校する生徒たちが、「処分って何？」「どうして立たないと処分されるの？」と次々に質問してくる。数人ずつの集団が入れ替わり立ち替わりやって来て、根津さんはそれらに一つずつ答える。

事情がわかってきた二日目以降も、下校時になると生徒たちが根津さんのまわりに何人も集まってくる。なかには根津さんが挨拶しても黙って通り過ぎる生徒もいるが、「先生、体は大丈夫?」「教室でみんな心配してるよ」「ご飯は食べてるのか」「がんばれよー!」などと声をかけながら帰って行く生徒が少なくない。

三年生の男子生徒は、「上からの圧力に負けない根津先生の行動は間違っていないと思う。自分の意見を貫き通してほしい。僕自身は卒業式で『君が代』は歌わないつもりです」と根津さんに声援を送る。また三年生の女子生徒は、「根津先生がいないと授業が寂しい。日の丸や君が代の強制は憲法違反だと思う。ナチスみたい。あんなに何でも縛りつけたら伸びる子も伸びなくなっちゃう」と都教委の姿勢を批判した。

教室での授業は許されないが、正門前に立ち続けて自分の生き方を「教材」として生徒に見せることで、根津さんはまさに「生きた授業」をしているわけだ。

同校の福田一平校長は、「学校の敷地外の行動だから校長としては善し悪しについてコメントできないが、停職処分を受けた先生が毎日校門の前に立つのは例がないので、地域や保護者にさまざまな影響はある。生徒には動揺を与えないように別の教員がフォローしている」と話している。

コラム

不起立の教師に「研修」命令

都教委は二〇〇五年七月、懲戒処分を受けた教員に対して、前年と同じように「服務事故再発防止研修」への参加を命じた。

研修対象とされたのは、二〇〇五年春の卒業式と入学式で起立やピアノ伴奏を拒否し、戒告・減給・停職処分を受けた都立高校と都内の公立学校の教員延べ六十三人のうち、退職者などを除く五十一人。「教育公務員としての自覚を促す」ことが目的とされ、減給と停職処分の十五人は九月にも、さらに個別の「専門研修」を受けなければならない。

全員が受講する「基本研修」は七月二十一日、東京都文京区の都総合技術教育センターで、午前と午後に分けて実施された。

参加者によると、研修では教育公務員の服務義務や地方公務員法の規定などについて、都教委幹部職員が約一時間講義した。前年とまったく同一内容だったが、処分対象とされた「日の丸・君が代」に一切言及しなかった二〇〇四年と異なり、幹部職員から「社会人としての自覚を持ってほしい。内心の自由と外部的行為は違う。次の卒業式・入学式では慎重な行動をお願いしたい」などとかなり踏み込んだ発言があったという。

東京地裁の三つの部は二〇〇五年七月十五日、研修参加命令の執行停止を求めた教職員側の申立てをいずれも却下する決定をしたが、このうち民事一九部（中西茂裁判長）は、「思想・信条に反することはできないと表明するものに対して、なおも自己の非を認めさせようとするなど内心の自由に踏み込めば、権利を不当に侵害すると判断される余地がある」と警告している。

二〇〇四年七月に、教員側が求めた同様の申立てについて東京地裁の民事一九部（須藤典明裁判長）は、「研修の具体的内容や方法が明らかでなく、現時点では回復困難な損害の発生を回避する緊急性は認められない」として却下の決定をした。しかしやはりその一方で、「自己の思想・信条に反すると表明する者に対して、何度も繰り返し同一内容の研修を受けさせて非を認めさせようとするなど、公務員個人の内心の自由に踏み込み、著しい精神的苦痛を与えるような研修や命令をするのであれば、許容範囲を超えて違憲違法の可能性がある」と指摘し、研修内容や研修後の教職員への対応によって、個人的な内心の自由に不当に干渉してはならないと都教委側に強く警告している。中西裁判長の決定は、前任の須藤裁判長の姿勢を継承していると理解していいだろう。

同様の審理はほかに、民事一一部（三代川三千代裁判長）、民事三六部（難波孝一裁判長）が担当したが、内心の自由にきちんと言及して判断する姿勢は両裁判長にはなかった。東京地裁のこの三つの部では、国歌斉唱義務不存在の確認などを求める「予防訴訟」再雇用職員等の地位確認訴訟、処分取消し訴訟、の三つの事件を審理していることから、裁判長の「当たり外れ」を心配する声が上がっている。

研修会場の東京都総合技術教育センターの前はこの日、物々しい警備体制が敷かれ、研修に抗議する教職員や弁護団、市民ら約二百人で一時騒然となった。

「日の丸・君が代」強制に違憲判決

卒業式や入学式の「国歌斉唱」の際に、起立や斉唱、ピアノ伴奏を強制するのは不当だとして、東京都立学校の教職員四百一人が東京都教育委員会などに対し、起立や斉唱の義務のないことの確認などを求めた訴訟で、東京地裁（難波孝一裁判長）は二〇〇六年九月二十一日、「懲戒処分をしてまで起立や斉唱をさせるのは、少数者の思想・良心の自由を侵害する。都教委の通達や職務命令は違法である」と指摘し、原告全面勝訴の判決を言い渡した。

判決は、都教委の通達や職務命令に基づいて、教職員が起立・斉唱・ピアノ伴奏する義務のないことを確認し、いかなる処分もしてはならないとした。さらに、「思想・良心の自由に反して違法な命令に従わされ精神的損害を被った」と認め、原告全員に一人三万円の賠償を支払うよう都側に命じた。

教職員への「日の丸・君が代」強制を違憲と判断し、職務命令違反を理由にした処分を事前に差し止めた判決は初めて。神奈川県立学校の教職員も同様の訴訟を起こしており、今後の審理に影響を与えそうだ。また、最高裁で審理が続いている「『君が代』伴奏拒否訴訟」への影響も大きいのではないか、と関係者は期待する。判決は行政権力による「教育への不当な支配」を明確に批判していることから、愛国心教育などをめぐる教育基本法改正の動きにも波紋が広がりそうだ。

難波裁判長は、「日の丸・君が代が皇国思想や軍国主義思想の精神的支柱として用いられてきたのは否定しがたい歴史的事実である」として、「現在でも、なお国民の間で宗教的・政治的に価値中立的なものと認められるまでには至っていない」と指摘。「掲揚や斉唱に反対する者の思想・良心の自由も、他者の権利を侵害するなど公共の福祉に反しない限り、憲法上、保護に値する」と判断した。

そのうえで、都教委の通達や一連の指導について、「各校長の裁量を許さず、教育の自主性を侵害している。教職員に対して一方的な一定の理論や観念を生徒に教え込むことを強制するに等しく、大綱的基準を逸脱している」と批判し、教育基本法第十条の「不当な支配」に当たるので違法だとした。

また、国歌斉唱のピアノ伴奏について、「ほかの代替手段も可能で、音楽科教員が伴奏を拒否しても式典の進行が滞るおそれはない」と述べ、伴奏義務がないことを認めた。

判決は、国を愛する心や国旗・国歌の尊重を生徒に指導することは「有意義である」と評価しつつも、懲戒処分をしてまで教職員に起立や斉唱、ピアノ伴奏を強制するのは「行き過ぎた措置だ」と断じて都教委通達を全面否定。「国旗・国歌は強制するのではなく、自然のうちに定着定着させるのが制度趣旨である」と述べた。

教員や支援者で満席となった東京地裁大法廷の傍聴席からは、「ああーっ」という声にならないどよめきが広がった。「義務のないことを確認する」「いかなる処分もしてはならない」――。読み上げられる全面勝利の判決に涙ぐみ、ハンカチで目を押さえながらすすり泣く音があちこちから聞こえてくる。これに対して、裁判長を茫然とした表情で見つめる都側代理人の姿が対照的だ。

◇ ◇ ◇

裁判長が立ち上がると、傍聴席から割れんばかりの拍手が湧き起こった。都立高校の男性教諭は、「こんな常識的で当たり前の判決が出るとは予想もしていなかった。びっくりした」と興奮気味に話した。

判決後の記者会見で、原告弁護団長の尾山宏弁護士は「教育裁判史上、家永教科書訴訟の杉本判決に匹敵する最も優れた判決の一つだ」と解説し、副団長の澤藤統一郎弁護士は「これまで司法は行政の横暴を追認するばかりだったが、まだ日本の司法は生きていた」と判決を高く評価した。

一方、石原慎太郎都知事は判決翌日、記者会見で控訴の方針を明言。都教委も臨時の校長連絡会を開き、「完敗だが、控訴するので判決には拘束されない。行政施策は継続できる。通達はゆるぎないので、今までどおりやってほしい」などと校長に説明した。

第5章

生徒にも強制を始めた東京都教委

生徒不起立で教師に「指導責任」

「生徒が立たないのは教員に問題があるからだ」とする東京都教育委員会は、担任教員らに厳重注意などの「指導」をする。思想・良心の自由に基づく生徒の行動について、教員の指導責任を問うのは前代未聞。生徒の自由意思を制約することになりかねない理不尽さだ。

二〇〇四年春の都立高校の卒業式・入学式で、国歌斉唱の際に起立しない生徒が多数いたなどとして、東京都教育委員会は同年五月二十五日、指導不足などを理由に学級担任や管理職ら計五十七人を厳重注意、注意、指導とすることを決めた。

生徒の不起立を理由に指導されるのは、都立高校の全日制三校と定時制五校の計八校の教員ら。このほか教員に不適切な言動があったなどとして、全日制三校と定時制一校、養護学校一校の計五校の教員ら十人も同様に指導する。三月末で退職した教員や管理職は対象にならない。

都教委は「国歌斉唱の適切な指導を求めるもので処分ではない」としている。指導対象とされた教員と管理職は六月中旬に都教委に呼ばれ、指導部長から口頭で十分ほどの注意や指導を受ける。

生徒の不起立について、都教委は「教員の指導力不足か、恣意的な指導があった」と主張するが、都立高校の教員の多くは「高校三年生にもなれば生徒は自分自身で考えて行動する。高校生を馬鹿にしているとしか思えない」と反論する。

生徒の八割が起立しなかった全日制都立高校の教員は、「教員の置かれている状況について生徒の関心は高く、日の丸・君が代に抵抗感のない生徒も都教委のやり方はひどいと感じていたようです。都教委の強引さに反発して座った生徒もいたのではないか。まわりの様子を見ながら行動する生徒もいるだろうが、今回は多くの生徒が自分で判断して立たなかった」と振り返る。

外国籍や不登校・中退経験など、多様な生徒が集まる定時制の都立高校では、九割以上の生徒が立たなかった。夜中までクラス討議を重ねて、自主的に起立しないことを決めた結果だという。別の定時制高校では、生徒の大半が「卒業式に日の丸・君が代はふさわしくない」として式場への入場を拒んだ。

「定時制の生徒たちの目は社会に向かって大きく開かれている。社会問題や世の中の矛盾に対する批判精神が強い。人権問題についての関心も高く、日頃からよく勉強しているんです」と関係者は指摘する。

生徒の自主的な判断や行動について、都教委が教員の指導責任を問うのは前代未聞だ。「生徒の主体的判断を否定する」「生徒の自由意思を制約することにつながる」と学校現場からは批判の声が強い。

そもそも立つか立たないか、歌うか歌わないかは、個人の「思想・良心の自由」の問題だ。教員がどれだけ懸命に指導したとしても、最終的に判断するのは生徒自身だろう。都教委の言う「生徒への適切な指導」は、憲法違反にもなりかねない。都教委は教職員だけでなく、とうとう生徒にも「日の丸・君が代」への忠誠を強制し始めたことになる。

一方、都教委は教員の言動にまで踏み込んできた。ある都立高校では学級担任がクラスで「内心の自由」について説明したことが「不適切な言動」とされ、別の都立高校では卒業式の教員スピーチの中で、担任の一人が都教委通達について触れたことが「不適切な言動」とされた。

都教委は「生徒に内心の自由について説明する必要はない」と校長を指導している。「生徒は日本国憲法については学習して思想・良心の自由が認められていることを知っている」というのが理由だが、教育の現場で同じことを何回説明したとしても何ら問題はないし、必要があれば反復して教えるのが教育だろう。今回の都教委の教員らに対する「指導」は、教育行政による教育内容への不当な介入といわざるをえない。

崩される生徒と教師の信頼関係

◎恫喝――教師が生徒を煽動している？

二〇〇四年三月十六日の都議会予算特別委員会。満席の傍聴席には緊張感が漂っていた。民主党の土《つち》屋《や》敬之《たかゆき》都議が、卒業式の「日の丸・君が代」の扱いと教員の生徒指導について、都教委に激しく迫るとの情報が流れていたからだ。

委員会質疑に先立つ三月十一日、都立板橋高校で行われた卒業式では、国歌斉唱の際にほとんどの生徒が起立しなかった。来賓として会場にいた土屋都議は激怒して「起立しろ」と叫び、「みんな座れ」などと呼びかける生徒との間で激しい応酬があったという。関係者の話によると、土屋都議らの言動に反発して着席した生徒も相当数いたようだ。

都教委はこの日、各都立高校長に「入学式・卒業式の適正な実施について」と題する通知を出して、

「ホームルームや予行、生徒会や卒業式実行委員会等の場で、生徒に不起立を促すなどの不適切な指導を行わないこと」を、教職員に徹底するように求めた。

そして、都議会予算特別委員会。質問に立った土屋都議は「国旗・国歌を適正にやるのは当たり前である」としたうえで、「生徒に歌わない自由を強調する指導は問題だ。卒業式で生徒の大半が国歌を歌わない場合は、教師の指導力に不足があるか、誘導的な指導が行われていることになる。クラスの大半が起立しない状態はまったく理解できない。指導の内容や方法に重大な問題があることは間違いない」と決めつけた。

これに対して横山洋吉教育長は、「教員には、教育公務員として学習指導要領に基づいて国旗・国歌を指導する責務がある」として、「ことさら歌わない自由を強調するのは実に不適切だ。国歌の指導が適切に行われていれば、歌えない生徒や歌わない生徒が多数いることは考えられない。その場合は指導力が不足しているか、学習指導要領に反する恣意的な指導があったと考えざるをえない。国歌斉唱時にクラスの大半が起立しないのは、国旗・国歌の指導が適切に行われていないと言わざるをえない」と答弁し、起立しない生徒がいるのは教員の責任だと断定した。

さらに土屋都議は、「多くの生徒が起立しないのは、現職教員の中に協力者がいるからだ。教員が自分たちの主義主張を生徒たちに恣意的に注入し、ことさら内心の自由を強調した指導の結果だとしたら、これにかかわった教員は処分すべきだと考えるが」と迫った。

横山教育長はこれに対しても、「自らの主義主張を生徒を使って具現化しようとするのは、教師にあるまじき卑劣な行為であり処分の対象だ」と言い切って、「都教委として放置できない問題であり、人事部・指導部合同の調査委員会を設置し、教員のかかわりなど具体的な事実関係を調査して関係者を処分する」と述べた。

教員の不起立だけでなく、指導内容が「生徒に影響を与えた」と判断される教員は処分する姿勢を、都教委がはっきりと打ち出したわけだ。

都教委は教育長答弁を受けて、国歌斉唱の際に起立・斉唱する生徒が少なかった都立高校に対して特別調査を始めた。指導主事らを該当校に派遣し、「国歌斉唱の時の状況はどうだったか」「内心の自由について生徒に説明したか」「立たなくていいと生徒に言ったか」などについて、卒業生の担任教員や管理職の一人一人から聴取した。

都教委の賀澤恵二《かざわけいじ》・高校教育指導課長は、「教員が個人として考えることは自由だが、生徒を巻き込んだ反対運動は問題だ。ホームルームで生徒たちに、『立たなくていい、座っていなさい』と言ったなどの事例を何件か確認している。三月十一日付の通知は、学習指導要領に基づいた適切な指導をしてほしいとの趣旨で出した」と話す。

「憲法で保障されている『内心の自由』を授業で教えるのは当然のことで、学習するのがいけないと言っているわけではないが、わざわざ卒業式の前日に言うことはないだろう。立とうとしている生徒を押さえつけるような指導は適正ではない。生徒が一人も立たない学校については、都教委として状況を把握するために調査せざるをえない。『生徒の不起立が顕著だった学校』ということで、不起立が目立った学校に対しては、子どもたちに適正な指導をしたかどうかを聞き取り調査をします。『立っても立たなくてもいい』といった指導は不十分で、学習指導要領に従った適正な指導とはいえないでしょう」

こうした都教委の姿勢に対して、都立高校の教員からは、怒りと戸惑いの声が噴出している。

「高校生くらいになればもう少し自分たちで考えて行動するはず。生徒が教師に言われたとおりに動くなんて決めつけること自体が、生徒に対して失礼だ」

「そもそも起立しろと言ったって、起立する生徒ばかりではないですよ。かったるいから立たないという生徒だっています。都教委は高校生のことを何もわかっていない」

◎学習——自分で考え行動する生徒たち

都立国際高校（目黒区駒場）。生徒会広報委員会が発行する週刊新聞に一月下旬、生徒有志の投稿記事という形で、都教委通達と「日の丸・君が代」の問題を扱った文章が掲載された。都教委の出した通達に従わない教員は処分されることや、「君が代」の歴史などを解説し、今年の卒業式が大きく変わることの背景を紹介。憲法に明記されている「思想・良心の自由」の意味について考えようと問題提起した。

記事は二年生の四人の生徒が分担して書いた。都教委の通達が出て、都立高校の卒業式が今年から変わることは先生たちや校長から聞いて知っていた。「なんだかおかしいな」と思っていたが、記事を書く直接のきっかけとなったのは、社会問題を扱った三学期の授業だった。

授業は人権やハンセン病の差別など、さまざまな社会問題を題材に、みんなで議論しながら考えていくのがいつものやり方だ。その日は「心の健康」がテーマで、インターネットで心の健康度を測るテストを実際にやってみたら、担当の先生の点数がかなり低かった。疑問に感じた生徒たちの質問に答える形で、卒業式が近づくにつれて教員がプレッシャーを感じてつらい思いや不安が大きくなっている話を、先生がしてくれた。そこから学校での国旗・国歌の扱われ方や、いろいろな立場や考えを尊重することの大切さへと議論が広がり、それぞれの疑問点を中心に意見交換が続いた。

「戦争を経験した人や、その子どもの気持ちを考えるとどう判断すればいいんだろう」

「韓国・朝鮮籍の生徒とか抵抗感がある人もいるよね」

「卒業式で起立しない先生や、国歌を歌わない先生が処分されるのはおかしいよ」

「教育委員会の命令に悩んで体調を崩す先生もいるなんてひどいと思う」

結論はこれといって特になかったが、授業が終わってから数人の生徒が、「このまま終わるのはもったいないね。ほかの生徒にも考えてもらおうよ」と言い出した。仲のいい同級生が広報委員会の編集長をしていた。相談したら、「紙面のスペースをあげるから書いてみたら」と言ってくれたので、記事で訴えることにしたという。

執筆内容を四人で分担して、インターネットで情報を集めたり、新聞や雑誌の記事を調べたりした。「日の丸・君が代」について親や家族とも話をした。

生徒の一人は、欧州国籍の母親から「私の国では国歌斉唱の時に立つのは当たり前だけど、歌うことは強いられない。なぜ日本では歌うことにこだわるのかな」と言われた。

別の生徒の母親は「国旗・国歌は大切にすべきで強制することにも賛成」という意見だったが、この生徒は図書館で憲法の自由権について調べて、「思想・信条の自由を奪って処罰するのはやっぱり憲法違反ではないか」と考えた。

「愛国心は自然に自分の中にそなわっているので、強制するものではない。歌いたい人や歌いたくない人がいるのに、一つに束ねようとすることがおかしいと思う。みんな北朝鮮を批判しているけど、自分たちも北朝鮮と同じ方向に走っていることに気づいているのかなあ」

都立高校の卒業式に対する都教委のやり方について、四人はそんなふうに思っている。

◎主張――議論重ねて訴える卒業生たち

一方、都立戸山高校（新宿区）では二〇〇三年十月、三年生の生徒で組織する卒業式委員会がスタートした。各クラスから二人ずつ選ばれた委員が、学年全体の意向をまとめて、自分たちの卒業式をどんな内容にするか考えていくのが「戸山の伝統」だ。入退場曲の選定や卒業生のスピーチ募集などについて話し合うほか、毎年のように問題になるのが「日の丸・君が代」の扱いだった。

生徒たちの基本的な考え方は、「一人一人の意見の違いを尊重した式にしてほしい」ということだ。委員会はこうした姿勢を校長に繰り返し主張してきたが、国旗・国歌法が成立した一九九九年から、同校の卒業式には「日の丸・君が代」が持ち込まれている。

委員会は、卒業式全体のあり方を問いかけるアンケートを実施するとともに、十一月と十二月には「日の丸・君が代」について公開討論会を開いた。討論会やアンケートでは、さまざまな意見が出た。

「こういう機会に日本人であることを再確認すべきだ」

「国を尊重する意味で歌ってもいいと思う」

「扱うのはいいが、強制するのは慎むべき。個人の自由に配慮したアナウンスをするべきだと思う」

「日の丸・君が代自体は賛成だが、卒業式に持ち込むのは疑問だ」

「高校生最後の日に、押しつけられた日の丸を拝むために三年間生活してきたわけではない」

「あくまでシンボルとして扱うべきだ。旗や歌に深い意味を持たせない方がいい」

賛否両論を踏まえて卒業式委員会は二〇〇四年二月、「多数決で安易にまとめてはいけない。さまざまな考えがあって一つの意見にまとめるのはきわめて難しい問題だから、本来は卒業式に持ち込まないのが望ましいが、現実的には式への持ち込みは避けられない」という結論に達した。

そのうえで、「日の丸は都旗・校旗とともに三脚で掲げる」「君が代の斉唱の際は、思想・信条・表現の自由があるので強制しない、とのアナウンスを入れる」「来賓の座席は壇上でなくフロア最前列に配置する」という三点を、卒業生の要望として校長に提出した。「多様な個人の意思の尊重」という課題を、高校生なりに精いっぱい配慮して、悩みながら導き出した一つの答えだった。

しかし、都教委の通達は絶対だった。卒業式当日、「日の丸」は卒業式会場の舞台壇上正面に掲げられ、国歌斉唱の際に「強制ではない」というアナウンスは一切なく、来賓席は壇上に設けられた。生徒が真剣に議論を積み重ねた要望は、一顧だにされなかった。

けれども卒業生は、クラスごとに自分たちで選んだミスチル（ミスター・チルドレン）やドリカム（ドリームズ・カム・トゥルー）などの曲に迎えられて、楽しそうに入場した。バットマンの仮装やウサギの着ぐるみで式に臨んだ卒業生もいた。四人の生徒がそれぞれ練りに練った卒業生スピーチで会場を沸かせ、舞台正面に降ろしたスクリーンに三年間の学校生活を映し出すといった演出もやり遂げ、自分たちの卒業式を楽しんでいたように見えた。保護者や教員から「感動的な卒業式だった」と祝福されて巣立っていった。

戸山高校のほかにも、生徒会が「日の丸・君が代」について一緒に考えようと呼びかけ、生徒や教員を交えて討論会を開いた都立高校がある。また、生徒有志が生徒会執行部と協力して、「日の丸・君が代を強要される必要はない」などと訴えるプリントを全校に配った都立高校もあった。

卒業式当日に、堂々と意見表明する生徒もいる。ある都立高校の卒業式では、卒業生代表が三年間の思い出を振り返るなかで、今年の卒業式のあり方についても触れて、「国旗・国歌の強制で本当の愛国心は芽生えるのでしょうか。強制は思想・良心の自由を踏みにじる行為です」と自分の考えをはっきり述べた。

別の都立高校の卒業式では、卒業式委員の一人が「過去の戦争で日本がしたことを考えると、歌いたくない人がいることもわかる。だから強制は絶対にあってはならない。このままいけば近い将来、生徒にまで強制が及ぶのではないかと心配です」と主張した。

生徒たちは、決して「誰かに言わされている」のではない。親や教員など大勢の大人たちから話を聞き、新聞や雑誌や書籍やインターネットなどから情報収集し、友達とも議論を積み重ねて自己表現している。これこそまさに、「生きた学習」といえるのではないだろうか。

◎伴奏——音楽は心を伝えるものなのに

参加者全員の前でただ一人、ピアノの鍵盤を叩かなければならない音楽専科教員の立場は厳しい。「君が代」に抵抗感を感じる教員の多くが不眠を訴え、なかには精神科医の診断で病欠している人もいる。

体が拒否反応を起こす状態まで追いつめられなくても、「君が代」伴奏のプレッシャーに苦しんでいる音楽専科教員は少なくない(第4章「『踏み絵』にすくむ教師たち」参照)。

歌うことや演奏するというのは、心と直結した行為だ。どうすれば心を表現できるか、どうすれば音楽が心に響くのかを考えて、音楽専科の教員はいつも生徒たちに「音楽は心だよ」と話しているという。そんな音楽の教員が自分の意思に反してピアノを伴奏したら、生徒から不信の目で見られてしまうだろう。「頭の中では別のことを考えていてもいいから、とにかく言われたとおりに伴奏する」なんてことはありえない。

そもそも何百人の中の一人として歌うことと、ピアノで伴奏することは意味が全然違う。何百倍もの重さを持つ。伴奏という行為は、何百人の人に向かって「さあ歌いましょう」と促す立場になるからだ。

「教員が伴奏すれば、生徒は歌わなければならないと思うでしょう。そうした教員と生徒の信頼関係を利用しながら、都教委は『君が代』を生徒たちに強制しようとしているんですね。CDやテープなどの機械でなく、生身の人間が伴奏することの理由や、都教委が音楽教員の伴奏にこだわっていることの意味はそこにある。だけどそれは音楽教員に対する侮辱だし、音楽への冒涜ですよ」

ある都立高校の音楽専科の先生は怒りを込めて、都教委のやり方を批判した。

◎姿勢——矛盾しない生き方を見せたい

国歌斉唱の際に、生徒の半数以上が着席したある都立高校で、一人の卒業生担任の先生が起立を拒んだ。この先生はこの年の三月で定年退職を迎える。

戦前の生まれだから、焼け跡の雰囲気が少し記憶に残っているという。母親に戦争の悲惨さを聞かされて育ってきた。教員になってから、中国からの帰国生徒を担当したこともある。「日の丸・君が代」が戦争で果たした役割や、戦後補償などの問題を考えると、素直に掲揚や斉唱はできない。

そんな先生はことあるごとに、クラス通信で憲法の条文や理念を紹介してきた。体育祭で「日の丸」の鉢巻きをした生徒がいた時は、暴走族の存在と絡めて問題提起したし、「大和魂」と胸に大書されたTシャツを生徒が買ってきた時も、言葉の意味を考えようと通信で促した。

そんな自分が、最後の卒業式でどんな行動をとればいいのだろうと先生は悩んだ。都教委通達に従わず処分されれば、定年後に再就職する学校が決まっていても、採用の取消しが待っている。都教委はそんな通知さえ出していた。先生も再雇用の学校が決まっていた。再就職先を棒に振れば生活が困るといった切実な問題と、もっと教育にかかわっていたいという思いと、そしてこれまでの自分の生き方を考えると、眠れない夜が続いた。家族は「仕方がないよね。お父さんのやりたいようにやったら」と言ってくれた。

「日の丸・君が代」への生徒たちの関心は高く、新聞や雑誌を読んだり親からも話を聞いたりして、教員が処分される事情をよく知っている様子だった。「先生はどうするの？　立つの？　立たないの？」と心配して聞いてくる生徒もいた。先生は「まだわからないな。もしかしたら立たないかも」と答えたが、結局は不起立を貫いた。

卒業式が終わってから、最後のクラス通信をクラスの生徒全員に配った。「卒業おめでとう」で始まる通信は、はなむけのメッセージに続いて、ジョン・レノンの「イマジン」の日本語訳を紹介し、最後は「私は私の良心に従って行動しようと思います」という言葉で締めくくった。

「自分の良心に反する行動は、今後の生き方にかかわってくる。『立たなかったよ』と誇らしげに言ってきた生徒や、『通信を読んだ子どもが、先生は大変なんだと熱心に話をしてくれて、すごく関心を示していました』と感想を寄せてくれた保護者もいました。内心の自由を教える具体的教材になりましたね」

生徒たちは結構冷静に教員の動向を観察して、シビアな評価もしている。同校の別の先生は「教員の置かれた立場や思いは生徒に伝わっていると思います」と解説する。

「いじめやたばこなど、私たち教員は生徒に『良心に従って行動しなさい』と日頃から説教している。一方で、これまでの卒業式や入学式で私たちが立たなかったことも生徒は知っている。生徒たちはどの先生が立つか立たないかをとても気にしていて、処分覚悟で立たなかった教員に『先生、偉いね』と言ってくる。教員の言動を見抜いているから、そういう言葉が出てくるんですね。卒業式で起立するかしないかは、生徒に自分の生き方を見せることにもなります」

一方、二〇〇三年秋の創立記念行事（周年行事）で起立せず、処分された都立高校の教員は、「私が座ったことで、子どもたちには大きなインパクトを与えたと思う。子どもたちが『なぜ』と考えるきっかけになった」と話す。翌年の卒業式は会場外の係だったが、入学式ではどうするかまだ決めていない。

「立つか立たないかだけでなく、いろんなやり方で生徒に教員の思いを伝えることはできるんですね。生徒はちゃんとわかっていて自分で考えて行動する。都教委に対しては、生徒を馬鹿にするんじゃないという気持ちです」

都議会予算特別委では、「国歌斉唱時に生徒が起立しないのは、教師が煽動しているからだ」などといった乱暴な議論が展開された。だが、卒業式前に生徒に話しかけた先生に話を聞くと、「それぞれ自分の判断に従って行動すればいいんだよ」「起立するのもしないのも自由。よく考えて行動してほしい」と説明しただけだという。いずれも憲法に書かれている当たり前のことを伝えたに過ぎない。生徒や保護者も、こうした先生の発言を煽動とは受け取っていない。

それとも、憲法を尊重・擁護すべき立場の教育公務員である都立高校教員が、「思想・良心の自由」や「基本的人権の尊重」といった憲法の理念や条文を、生徒に伝えてはいけないとでも言うのだろうか。もしもそういう教員の行動を咎めて都教委が処分するとしたら、処分する都教委こそが、それこそ公務員としての資質に欠けるとして厳しく批判されることになるだろう。

そもそも「強制するのはおかしい」と主張している側が、「立つな」とか「歌うな」などと一方的な考えを押しつけるというのは自己矛盾ではないか。「立て」「歌え」と強制することが不当であるのと同じように、「立つな」「歌うな」と強制することも不当だといえるだろう。多くの教員は生徒に対して、「自分で考えて判断する自由がある」と当たり前の説明している。そうであるならば、「煽動している」と決めつけるところに無理がある。

教員が生徒に助言や指導をするのは、学校生活の中では日常茶飯事の自然な出来事だ。考えるヒントや判断材料をさまざまな形で示すのは、教員の大切な役割の一つだろう。その中に「教員の個人的な意見や考え方」が「参考意見」として含まれていたとしても、決しておかしくはない。むしろ生徒が教員から率直な意見を聞くのは勉強になる。高校生にもなれば、そうした日常の積み重ねによって自分自身の考えを組み立てて、独自の判断が十分にできるはずだ。都教委は、生徒と教員との間の信頼関係を断ち切ろうとしている。

「日の丸・君が代」への忠誠を教員に誓わせた次は、いよいよ子どもたちの番なのだろう。「言われたことに黙って従う生徒」「国家のために奉仕する国民」を育てようとしているのではないかと、暴走する都教委の姿勢を危惧する声が、教員や保護者の間から出ている。

止まらない都教委の暴走

教師の言動や生徒指導まで介入

◎教員の言動にまで踏み込んだ

二〇〇四年三月の都立九段高校の卒業式。校長式辞や都教委の挨拶などに続いて、三年担任の男性教員が、七人の担任団を代表してこんなスピーチをした。

「僕は先ほど、国歌斉唱の時に歌わずに座っていました。立って歌いなさいって命令されていたんだけど、命令違反しちゃったんだ。罰としてお給料を減らされます。どうして立たなかったかというと、立たないと処分するぞって言われたからなんだ。もし座ってないと処分するぞって言われたら立っていたでしょう。話したいことがあるのに話さない時、言論の自由はないに等しい。自由は尊い。命も尊い。その命の中には自由も含まれていると僕は思っています。相手の自由も大切。自分の自由も大切。大切にしなければならないこと、守らなければならないことってあると思います」

スピーチをした富岡丈吉先生（仮名）は、権力を振りかざして命令に従わせようとする都教委のやり方が、どうしても納得できなかったという。人権を踏みにじられた悔しさからスピーチの途中で涙して絶句すると、生徒たちから「先生、頑張って」と励ます声が飛んだ。

都教委は、国歌斉唱時の不起立を理由に富岡先生を戒告処分としたが、それとは別にこのスピーチは「不適切な言動」だったとされ、富岡先生は都教委から厳重注意を受けた。

六月十五日、都教委指導部に呼びつけられた富岡先生は、指導部長から「国歌斉唱時に不起立だった発言をしたのは、学習指導要領に基づき適正に指導すべき立場にある者として不適切でした。今後このようなことがないように厳重に注意します」と申し渡された。指導主事から促されると、隣に立っていた校長が「今後、このようなことがないように指導します」と神妙に応じた。

ほんの数分のやりとりだった。「厳重注意」は、職務命令違反の不起立などに科される懲戒処分ではない。履歴カードにも載らない形式的な「指導」だ。しかし富岡先生は、「卒業生へのはなむけの言葉が、なぜ厳重注意されなければならないのか」という疑問がどうしても頭から離れない。

同校卒業生でこの年から大学の社会学部に通う女子学生は、「自由の尊さを訴える先生の言葉には感動しました。国歌斉唱の強制は人権問題だと思います。教育問題に関心を持ったので、これをきっかけに大学でもっと勉強していきたい。人権の大切さを身をもって伝えてくれた先生に感謝しています」と振り返る。

式場で富岡先生のスピーチを聞いていた保護者も、「子どもたちのことを考えてくれて、最後までいい教育をしてもらえたなとうれしかった。卒業生には最高のはなむけの言葉だったと思います。号令がかかるとつい起立してしまう私自身の問題でもあるなあと、教わることがたくさんありました。都教委から厳重注意されるような不適切な発言ではまったくないのにと、卒業生の保護者の間でも心配しています」と話す。

巣立っていく子どもたちに向けた最後のメッセージが、一方的に罰せられてしまう。教員の自由な言動を制約する圧力ではないのか。都立高校のそんなおかしな状況には、教員だけでなく生徒も親も息苦しさを感じている。

◎やはり都教委は突出している

一九九九年に成立した国旗・国歌法は「国旗は『日章旗』、国歌は『君が代』とする」としか定めていない。にもかかわらず、教員に対しては「学習指導要領に基づいて国旗・国歌を指導する責務がある」として、起立や斉唱を強制する動きが着実に進んでいる。「教職員は指定された席で国旗に向かって起立し、国歌を斉唱する」などと指示した二〇〇三年十月の都教委通達(実施指針)はその典型的な例だ。

一方、政府はこれまで「児童・生徒の内心にまで立ち入って強制はしない」との見解を繰り返してきたが、各地で生徒の斉唱状況などの行動をチェックする動きがじわじわと広がっている。

式場内に児童生徒の歌声が響き渡っているかどうか尋ねたり（広島県教委）、児童の歌声が十分に聞こえた学校の割合を示して校長を指導したり（大阪府枚方市教委）したところもある。また、福岡県久留米市教委は二〇〇四年春、市内の小中学校で「君が代」の声量を大中小の三段階で調査して、「小」と評価された学校を指導した。

しかし都教委のように、生徒の不起立を理由に担任らの「指導責任」を問い、さらに生徒の起立などを教員に指導させる内容の職務命令を出す方針を示すのは前代未聞だ。やはり都教委の姿勢は全国でも突出している。

◎処分が怖くて授業ができない

「日の丸・君が代について授業で触れたくても、触れにくくなってきました。授業内容が処分につながるのではないかと考えてしまい、教師としてすごく不安と葛藤があります」

ある都立高校で社会科を教えている杉田勝利先生（仮名）は、最近の授業を取り巻く環境の変化についてそう話す。

杉田先生は十年ほど前から、卒業式や「日の丸・君が代」の問題を授業で取り上げ続けている。生徒総会の議案も必ず教材として取り上げるという。高校生が社会問題や自治活動などに関心を持つのは、市民社会を構成する一員として当然のことだと考えるからだ。こうした授業実践は、日本教職員組合(日教組)の教育研究全国集会(全国教研)で報告発表したこともある。

二〇〇三年は、二年生の日本史と三年生の現代社会で「日の丸・君が代」を扱った。二年生の授業では近現代史の中で二〜三時間を使い、「君が代」の成り立ちや戦前の歌詞の解釈を説明した。ほとんどの生徒は歌詞が書けず、意味もまるで知らなかった。期末試験では「君が代」の歌詞を書かせて、戦前の解釈について説明させた。

三年生の現代社会では、一学期と二学期で計十時間以上を割いた。「教職員は指定された席で国旗に向かって起立し、国歌を斉唱する」などと、国旗掲揚や国歌斉唱の仕方を細かく指示した都教委通達(実施指針)や、国旗・国歌法の成立時の政府見解などを資料として配り、内心の自由について検討した。また、生徒が自主的に卒業式を企画運営する千葉県立高校の記録ビデオを見せて、卒業式のあり方を考えたりもした。

これには後日談もある。授業だけにとどまらず、生徒は「自分たちで選んだ歌を卒業式で合唱しよう」と呼びかけて、これまでのありきたりの卒業式を変える動きにまで発展した。卒業生の「最後の共同作業」は大成功だったという。

生徒たちの「日の丸・君が代」に対する反応はさまざまだ。授業で話を聞くまで、歴史的背景や事実をまるっきり知らなかった生徒も多い。だが、「強制するのはおかしい」ということでは、ほぼ全員が一致する。

「できるだけ賛否両方の立場について説明して、もちろん自分の意見も説明するわけですが、結論を押しつけることがないように注意しています。でも、どこまで話をして大丈夫だろうかと迷うことがあります」

杉田先生は、不安や迷いを抱えながら授業をしていると話す。しかし二〇〇四年は、慎重に行動した方がいいだろうと判断して、「日の丸・君が代」について授業ではあまり触れていない。

「教えないと、生徒は何もわからないまま無自覚に起立して歌うことになるわけですが、授業で日の丸・君が代の問題に触れると、即刻処分につながる可能性が出てきました。プリントや試験問題は、生徒の親を通じて都教委に筒抜けになるのを覚悟しなければならない。やりにくいですよね。だからといって生徒に教えないで通り過ぎるのは教師の良心にかかわる。授業をするのにタブーがどんどん増えてきているのを感じます」

◎許されない教育内容への介入

「授業内容を理由に出された文書訓告は違法だ」として、中学校家庭科教諭・根津公子さん（第1章、

第4章を参照）が八王子市を提訴した損害賠償請求訴訟の判決が二〇〇四年五月二十七日、東京地裁八王子支部であった。園部秀穂裁判長は、根津さんの訴えを棄却する判決を言い渡した。

立川市立第二中学校教諭の根津さんは一九九九年二月、当時勤務していた八王子市立石川中学校の三年生の最後の授業で、「自分の頭で考えて判断し行動できる人間になろう」と生徒たちに話した。上からの指示に従って地下鉄サリン事件を実行した、オウム真理教元信者の被告の言葉を引用しながら、「教育委員会から指導されたとおりに日の丸・君が代を実施する全国の校長の思考と同じだと思いませんか」と指摘し、自分自身で考えて判断することの大切さを問いかけた。

八王子市教育委員会は同年八月、「校長の学校運営方針を批判するに等しい授業をした」との理由で、根津さんを文書訓告とした。これに対して、根津さんは「教育委員会が授業内容を理由に処分をするのは、教育行政による教育への違法不当な介入だ」と訴えた。

提訴に踏み切った理由を、根津さんは「市教委が教育活動を否定したことが一番許せなかった。提訴は子どもたちへの私の姿勢の示し方です。授業でも自由に話せない状況の中で、裁判を通じて何がおかしいのかを子どもたちに伝えたいのです」と説明する。

園部裁判長は「校長らを犯罪者に比肩する内容の授業が、通常必要となる手段であると評価するのは到底困難だ。授業方法に是正すべき点があるとして、服務監督上の措置として訓告を行うのは、市教委に認められた裁量を逸脱せず違法とは言えない」などと述べ、根津さん側の主張を退けた。

根津さんは一審判決について、「教育行政機関が教育方法に踏み込むことを前提とした判決だ。授業が生徒や保護者から高く評価された事実をまったく無視して、日の丸・君が代に反対するための授業だろうと言わんばかりの内容でとうてい納得できない」と厳しく批判して控訴した。

根津さんが一貫して訴えてきたのは、「有無を言わさず押しつけるのはおかしい」ということだ。前任校の調布市立調布中学校でも、二〇〇四年三月の卒業式の国歌斉唱時には不起立を貫いた。

生徒たちには授業の中で、「おかしいと思うことに対しては、黙っていてはいけないと思って生きてきました。卒業式でも自分自身で決断して行動するつもりです」と説明した。授業が終わって男子生徒の一人が、「先生の生き方や姿勢は共感できる」とB5判の紙いっぱいに感想を書いてきてくれた。

たまたま今回は、校長が職務命令を文書で出していなかったため、国歌斉唱時に立たなかったにもかかわらず処分されなかったが、来春はどうなるかはまるで見当がつかない。生徒とのコミュニケーションや授業中の説明などのうち、いつどの部分が「不適切な言動」とされるかもわからない。それでも、生徒には授業と自分の行動を通して精いっぱい語りかけていくつもりだ。

「子どもたちには学校の中の出来事を通じて、社会で何が起こっているのかをはっきり見せていかなければならないと思う。教員として何も伝えられないのでは、何かおかしなことがあっても当たり前の風景として素通りしてしまって、子どもたちの知る権利を奪うことになるからね」

一審は不当判決だったと思っているけれども、その判決でさえも「授業の方法に是正すべき点がある」

と判断しただけで、教員の授業内容への教育行政の介入を全面的に認めたわけではない。授業でできるだけのことはしてみようと、根津さんは考えている。

◎教員には精神的自由が不可欠

「学校や教師というのは『権力性』を持った存在なんですね。だからこそ教師には精神的な自由が必要なのです」と指摘するのは、埼玉県立上尾高校の社会科教諭・青砥恭さんだ。

東京都教育委員会の支配下にある東京の公立学校の教員たちがいかに追いつめられているか、青砥さんは同業者として痛いほどよくわかっているし、心から同情もしている。そのうえで、そんな教員たちが今こそ議論すべきなのは、「教師の精神的自由とは何か、教師を権力的に転化させないためにどうすべきかということではないか」と訴える。

「そもそも教師は権力を行使する存在であって、権力を行使することに慣れている訓練された集団なんです。教師のまなざしは監視して支配する人間のまなざしなんですね。生徒の考えていることや精神状態、病気などメンタルな情報を教師はみんな把握して、しっかり管理している。教師はそのことの怖さを自覚しなければならない」

そんな教師が精神的自由を失って、管理する側の単なる歯車の一つになってしまった時にどうなるか。「生徒を管理・監視するだけの存在になるだろう」と青砥さんは言う。

「教師が管理されれば、生徒を管理することになる。教師が人間としての精神の自由を確保しながら、その中で子どもたちにどんな立場をとるか。そこが問われるんだと思います」

都教委がやろうとしているのは、教員を通じての子どもたちの管理であることは明白だろう。旗と歌を使った思想統制から子どもたちを守るポジションにいたはずの教員が、旗と歌を使って子どもたちを動かす側にそっくり組み込まれようとしている。

ある都立高校で都教委職員が、舞台正面の大きな「日の丸」に恭しく礼をして体育館に入るのを見た。何の疑問も持たず、一つの方向に束ねて向かわせる。どこかの独裁国家で日常的に展開されている光景と重なって見えた。

「適正指導」を職務命令

創立記念行事（周年行事）などを行う都立高校二校の校長が教職員全員に対し、「日の丸・君が代」について、「学習指導要領に基づき、適正に生徒を指導すること」とする内容の職務命令書を手渡した。教職員に起立や斉唱を強制するだけでなく、生徒の意思や行動を制約するところまで踏み込んできたとして、教育関係者や保護者の間に衝撃が広がった。

職務命令を出したのは、二〇〇四年十月二日に創立八十周年記念式典を実施した都立深川高校（江東区）と、今春開校して同じ日に記念式典を行った都立千早高校（豊島区）の校長。いずれも九月二十二日付で教職員全員に職務命令書を手渡し、起立やピアノ伴奏などを求めるとともに、生徒を「適正に指導する」ことも命じた。

都教委は同年五月、不起立の生徒が多かった高校の管理職や担任ら計五十七人に、指導不足を理由に厳重注意などの「指導」を発令。さらに六月の都議会本会議で横山洋吉教育長は、校長の権限で児童生徒を指導するように職務命令を出す方針を示し、これを受けて九月七日の校長連絡会で都教委は各校長に、「適正に生徒を指導すること」を職務命令として出す要請をした。

深川高校の松葉幸男校長は、「生徒たちには私から事前に、記念式典の意義を説明したうえで節度ある行動をとるように話しました。立ちなさい歌いなさいという言い方はしていません」と説明する。

「学習指導要領に基づいて日常的に指導するのは基本ですが、さまざまな環境の生徒がいるわけで、起立しないからといって生徒が罰せられることはない。不起立の生徒がいても教員の処分には直結しません。立てと言うのも立つなと言うのもどちらもおかしいでしょう。立つなと命じるような適正でない指導があれば問題になるということです」

一方、千早高校ではこの年の春の入学式の際にも、「生徒に適切な指導を行う」との項目は職務命令に入っていたという。「生徒指導の一環としてマナーの大切さを話していますが、立てとか歌えとは言っていない。国旗や国歌のための式ではないので、そんなに騒がれても……」（佐藤芳孝校長ら）と戸惑いを隠せない。

深川高校の男子生徒の一人は、「先生は自由にしろと言ってました。職務命令が出たことも説明してくれたけど、何の説明もなかったクラスもあったみたい」と話す。別の女子生徒は、「日本人だから立って歌うのは自然だと思うけど、強制するのはおかしいと思う」と話していた。

両校とも「式典は整然と粛々と進行し、適正に行われた」という。

問題点は二つある。一つは都立高校の多くの校長たちが、生徒指導を求める都教委の指導(要請)を「職務命令」と受け止めてしまっていることだ。二〇〇三年十月に国旗・国歌に関する通達（実施指針）が出された時は、都教委は口頭ではっきりと「これは職務命令だ」という言い方をした。しかし二〇〇四年九月の校長連絡会では、「生徒への指導」が職務命令であるとの明言はなかったという。指導や助言する立場の都教委が、教育内容に踏み込んで命令すること自体がおかしいし、「職務命令なんて出したくない」と内心で思いつつ、それでも大半の校長は都教委の意向に沿って動く。

もう一つは、生徒を「適正に指導する」とは何かという問題だ。都議会での保守系議員と教育長のやりとりだと、「起立・斉唱させる指導」以外は認められないことになってしまうが、本来ならば「日の丸・君が代」の歴史や思想・良心の自由などの問題を踏まえ、国旗と国歌のあり方を問いかけてもいいはずだ。「立て」とか「立つな」という一方的な指示がまかり通ることこそ、そもそも教育が最も反省すべき点だろう。

発言する生徒たち

◎答辞で苦言——先生をいじめるな

都立戸山高校の卒業式。各クラスの代表が、卒業証書を受け取るために壇上に上がって簡単なパフォーマンスなどを繰り広げる。この学校の伝統だ。その中の一人で卒業式委員長の男子生徒は、マイクを手にして短くこう発言した。

「教育委員会の方に一言お願いがあります。これ以上、先生をいじめないでください」

学校に「日の丸・君が代」を押しつけてくる都教委の執拗な「指導」に対しての、抗議のメッセージだった。生徒や保護者から沸き起こったひときわ大きな拍手は、十数秒にわたって鳴りやまなかった。校長の隣に座る来賓の都教委職員は、苦笑しているように見えた。

大学受験を控えながら、男子生徒は卒業式委員長として校長交渉を続けてきた。式の運営のほか、国旗・国歌の扱いをめぐっても議論を重ねた。「みんな座ろう」と呼びかけてしまえばこれほど楽なことはない。でも卒業生にもさまざまな意見がある。「一つの価値観しか見出せないなら都教委と同じではないか」。それが、卒業式委員会のメンバーが悩んだ末にたどり着いた結論だった。

校旗を中心に国旗を掲揚できないか、国歌斉唱の前に学園歌を歌ってはどうか――。そうした提案はことごとく却下されたが、一年生の生徒の式への参加や、ブラスバンドによるエンディング演奏は認められた。

「見た目は前年の卒業式と変わらないかもしれないけど、やることはやったという充実感があります。生徒自身が声を上げることの意味を後輩にわかってもらいたかった」

卒業式委員長は万感の思いを込めて、冒頭の発言をしたのだった。

さらに、「卒業生の言葉」を述べた代表四人のうち男子生徒の一人が、都教委の姿勢を批判した。「僕は天皇を人格者として尊敬しているので君が代を歌いましたが、先生の処分を振りかざして人質にした強制はおかしい」などと発言し、思想統制社会の怖さと、自分で考えて行動することの大切さを後輩に訴えた。

これに対して、卒業式後に保護者が主催する「祝う会」で同校の佐藤徹校長は、「今日の生徒の発言はいかがなものか。拍手をする保護者もいかがなものか」と怒りをぶちまけた。校長が挨拶を終えても「祝う会」の会場から拍手はまったくなかったという。

「都教委批判がよほどこたえたのでしょうか、校長からはおめでとうの言葉もなく、そんな話が延々と続きました。卒業生の発言は、きちんとものを考えて必要があれば声を出してほしいということ。そういう主張ができる子どもを育てたのは戸山の教育の成果じゃないですか。校長先生はそうは考えられないのでしょうか」

母親の一人は残念がる。そして、「今後、生徒の発言を学校や都教委がチェックすることにならなければいいのですが」と心配した。

佐藤校長は、「内容が問題というのではなく、卒業式という公の場での卒業生の発言として適切ではないと思っている」と話す。保護者批判については、「そんな批判をするわけがない」と否定した。

◎規制と弾圧――ビラ配り許さない

二〇〇三年十月の都教委通達（実施指針）以降、都立高校では国歌斉唱の際に起立しない教員やピアノ伴奏を拒む音楽教員ら約二百人が処分されているが、二回目は減給、三回目の処分はさらに重くなり、その次は分限免職（クビ）だと噂されている。しかも処分を受ければ、定年退職後の再雇用（嘱託教員）の道は閉ざされてしまう。

処分された教員が勤務一年目で異動させられたり、通勤時間が片道二時間半以上かかる学校に動かされたりするケースもある。管理職の言うことを聞かない教員は、人事異動で徹底排除されるのだ。

「不起立を貫きたいけど躊躇してしまう」と訴える教員は多い。処分と人事による威嚇効果は相当なものだ。「『日の丸・君が代』不当処分撤回を求める被処分者の会」によると、二〇〇五年三月の卒業式では約五十人が起立しなかったという。

式場で生徒に「内心の自由」について説明することも許されない。都教委が生徒への「適正な指導」を要請したのを受けて、卒業式の予行練習で「声が小さい」という理由から「君が代」を三回も繰り返し歌わせた学校がある。ピアノ伴奏を命じられたことで睡眠障害など心身の不調を訴え、学校を休まざるをえない音楽教員も前年に続いて出ている。

息苦しさが増すばかりの都立高校だが、二〇〇五年になってさらに異様な事態が続いている。卒業式シーズンの前から、「日の丸・君が代」の強制に反対する正門前でのビラ配りに対し、学校側が警察に通報するケースが相次いでいるのだ。

同年一月下旬には地区校長会を通じ、「生徒にビラを配布している時は注意し、やめない場合は警察に通報して道路交通法違反で対応をお願いする」などと指示する文書も出回っている。都教委は「それぞれの校長の判断だ」とするが、「学校と警察が連携することはある」と両者の緊密な関係を否定しない。「安易な通報は思想・表現の自由を脅かすおそれがある」と弁護士らは指摘する。

三月初め、都立野津田《のづた》高校（町田市）と都立農産高校（葛飾区）で、いずれも卒業式の朝に学校敷地内で「日の丸・君が代」に反対するビラを配ったとして、男性三人が建造物侵入の疑いで警視庁に現行犯逮捕された。東京地裁八王子支部は、「建造物侵入罪と評価するのは困難だ」として野津田高校で逮捕された二人の勾留請求を却下。農産高校で逮捕された一人も釈放されているが、卒業式当日の各都立高校の正門前は、パトカーや私服警察官、ビラ配りに対する逮捕を監視する弁護士らが並んで、緊迫した空気に包まれた。

ビラを配るのは、保護者、地域の市民グループ、大学自治会や労組系の政治団体とさまざまだ。都立戸山高校では卒業式の朝、PTA副会長ら保護者有志が前年同様に正門前で、「思想・良心の自由が守られる戸山らしい自主自立の卒業式を」と訴えるメッセージカードを配った。「外部団体でなく保護者なのだから校内で配らせてほしい」と要望したが、校長は校内への立入りを認めなかった。

◎高校新聞部——無関心と気配りと

「日の丸・君が代」をめぐって都教委の締めつけは強まる一方だが、都立国際高校(目黒区駒場)の卒業式は、それでもまだ学校の名前どおりの独自のカラーを残している。

さまざまな国や地域出身の生徒を受け入れている同校では、それぞれの出身国の国旗をスタンドに立て、校旗とともに壇上に平等に並べて卒業や入学を祝ってきた。二〇〇四年三月の卒業式から、舞台正面には「日の丸」と都旗と校旗が登場した。

同年一月、生徒会が発行する週刊の広報新聞で、「日の丸・君が代」を取り上げた生徒たちは、さらにこの年の秋の学園祭でも「私たちの卒業式」と題して展示を企画した。

再び「日の丸・君が代」強制の問題をテーマに掲げ、石原慎太郎都知事の人物像や語録を紹介しながら、「力ずくで強いることは、憲法が保障した思想・良心の自由を侵しているのではないでしょうか。私たちも親もどの先生もつらい思いをせずに、気持ちのよい式典になってほしいです」と呼びかけた。

展示に対する感想書き込みボードには、「石原知事が高支持率だということは、それだけ多くの有権者が支持しているということ。世間受けするパフォーマーが人気が出る。石原知事の技術が上手なのだ」「君が代くらいと言っているうちに、すべての意見が封じられることになってしまう危険性に、もっとみんな気づくべきですね」といった意見がぎっしり寄せられた。

都立国際高校のように、生徒の発行する新聞に「日の丸・君が代」の特集記事が掲載されるのは、最近では珍しいことだ。そもそも、生徒会や新聞部（新聞委員会）など高校生の自治・言論活動は全国的に停滞傾向にある。都立高校でも生徒による新聞発行は少なくなっている。

◇　◇　◇

「日の丸・君が代」の特集記事を４回にわたって掲載した2000年発行の高校新聞。最近はこうした記事はほとんど見られない。

都立立川高校は、新聞委員会の活動が活発で、週刊ワープロ新聞と活版新聞を年間に三十号以上も出しているが、「日の丸・君が代」について特集を組んだのは二〇〇〇年が最後だ。この時は前年に成立した国旗・国歌法を受けて、「日の丸・君が代」の歴史と法制化の意味などを解説するとともに、全校生徒へのアンケート結果を詳しく紹介するなど、計四回にわたって精力的な報道を続けた。

マスコミ論調や学者らの意見の受け売りでなく、自分たちの卒業式に対してどう考えるかに主眼を置いた記事だった。同紙のアンケートによると、卒業式で国歌斉唱の際に起立すると答えたのは三五%で、起立しないは四三%。また、斉唱するは一四%で、斉唱しないは七四%だったが、「みんなが起立している中で自分の意志を貫き通すことができますか」との問いには、できるが二八%に対して、できないは三七%

など、興味深い結果が掲載された。

都教委通達以降、ますます「日の丸・君が代」は生徒の身近な問題になっているはずだが、特集記事はどこにも見当たらない。高校新聞の研究を長年続けている新聞教育研究所の大内文一《おおうちぶんいち》さんも、「都立高校で、日の丸・君が代を特集した新聞はここ数年見たことがない」と話す。社会問題への関心が薄れてきているのだろうか。

実は、立川高校の新聞委員会では二〇〇四年四月に、卒業式と「日の丸・君が代」について取り上げる話が編集会議で出たという。しかしその企画は中止になった。理由は「顧問の先生に迷惑がかかるから」だった。

同校の新聞は、顧問教師であっても記事内容を事前検閲することはない。しかし、紙面で正面から「日の丸・君が代」を扱うと顧問や管理職にまで影響が及ぶだろうと考え、新聞委員会の生徒は「大人の判断」をしたのだった。

◎主役は生徒——声を上げ考えよう

二〇〇五年二月中旬と三月上旬。都立高校を卒業した大学生や現役高校生らが、都立高校の現状や「日の丸・君が代」について考えるネットワークをつくろうと呼びかけ、若い世代同士が議論する会が都内であった。

「身近な人が傷ついてつらい思いをすると、敏感に反応するし関心や興味を持つよね」という意見から、話はどんどん広がっていった。「日の丸・君が代」の問題で担任やお世話になった先生が処分されると、生徒たちの感性は鋭く反応する。そして都教委の強引なやり方に疑問や反感を持つようになるというのだ。

「上からの圧力で学校を取り巻く状況が厳しくなると、政治に関心を持つようになる。矛盾しているかもしれないけど、これって希望が持てるんじゃないかな」

「(命令と処分で強制する)都教委は自分の首を絞めているよね」

「でも、おかしいねとか、ひどいねと言うだけで、そこで思考や行動がストップしていることも多くて、それ以上は声が上がらない」

「そこで終わったら意味がない。二年生や一年生に現状を伝えて、現役にもっと頑張ってもらわないと」

「先生が一枚岩になって徹底的に抵抗して、都立高校の教育が動かなくなるような状態に持っていくことで、これまで興味がなかった人たちに知ってもらうという手もあるんじゃないか」

十代の議論はまだまだ続く――。

「愛国心は一概に悪いと思わないけど、強制はおかしい。学校の近くに右翼の街宣車が何十台も来るのを見ていると、戦争は本当に終わったのかなと思って恐怖感を覚える」

「愛国心はみんなが持っている。都教委は愛国心を利用して象徴をつくり上げようとしている。日の丸・君が代の強制はそういうことを考えるきっかけになると思う」

熱のこもった話し合いはなかなか尽きない。高校生や大学生が今の都立高校を取り巻く環境に異常さを感じ、なんとかしたいという思いがひしひしと伝わってきた。

コラム

生徒の方がはるかに大人だ

「これ以上、先生をいじめないでください」——。

都立戸山高校の卒業式で、卒業証書を受け取るために壇上に上がった卒業式委員長の男子生徒が、マイクを手にして発言したこの短い言葉は、都立高校の異様な空気を的確に表現していた。また、もう一人の卒業生も、教員処分を振りかざした都教委の強制のおかしさや思想統制社会の怖さを訴えた。

だが、この男子生徒の発言の真骨頂は、三年生が組織する「卒業式委員会」で、式の運営や国旗・国歌の扱いをめぐって議論を重ねた末にたどり着いた言葉だという点にこそある。

「起立や斉唱を強制するのはおかしい」ということでは一致していても、「日の丸・君が代」に対する卒業生の考えはさまざまだ。「みんな座ろう」と呼びかけるのは簡単だが、「それでは一つの価値観を押しつけてくる都教委と変わらないではないか」と彼らは考えたのだ。

国旗中心の掲揚を校旗中心に変えられないか、国歌斉唱の前に学園歌を歌うのはどうかなど、卒業式委員会の生徒たちは工夫を凝らして提案するが、校長はどれも却下した。「それでも、生徒自身が言うべきことは言うという姿勢は後輩たちに示せた」と委員長の生徒は話す。

　多様な価値観を尊重することの意味について、そこまで考えたうえでの発言だった。生徒や保護者からは大きな拍手が十数秒にわたって続いた。十八歳の高校三年生たちと都教委の面々と、果たしてどちらが大人で、どちらが物事を深く考えているだろうか。

　これに対し、同校校長は卒業式後の保護者主催の「祝う会」で、「おめでとうございます」の言葉もなく、「今日の生徒発言はいかがなものか」と挨拶して不快感をあらわにしたという。

　同校に限らず都立高校の校長の多くは、生徒や現場教師ではなく都教委の方しか見ていない。思考停止して都教委に言われるがままのロボットのような状態だ。本来なら都教委の「暴走」から生徒や教職員を守るべき立場なのに、学校の最高責任者としてのプライドは残念ながら見当たらない。

コラム

民主主義が機能しない学校

東京都教育委員会は「管理と統制」の姿勢を一段と強めている。職務命令と処分を突きつけることで、都立高校の教職員らに起立やピアノ伴奏を強制するだけでなく、生徒の行動にまであからさまに介入する動きを見せている。さらには、職員会議での議論まで制限し始めた。

二〇〇五年十二月八日の都議会本会議の一般質問で、「生徒への適正指導を通達として出すべきだ」と求める自民党の古賀俊昭都議に対して、中村正彦教育長は「卒業式などにおいて生徒の多くが起立しないという事態が起こった場合には、ほかの学校で同様の事態が発生するのを防止するため、生徒を適正に指導する旨の通達を速やかに発出する」と答弁した。中村教育長の都議会答弁は、生徒への強制を徹底させようというものだ。

この答弁と、翌年三月の都立定時制高校の卒業式で卒業生多数が起立しなかったことを受けて、都教委は二〇〇六年三月十三日、「適正に児童・生徒を指導することを教職員に徹底する」ように求める通達を都立学校長に出した。

さらに都教委は四月十三日、「職員会議において挙手や採決などの方法を用いて職員の意向を確認するような運営は不適切であり、行わないこと」などと指示する通知を都立学校長に出した。「学校経営の適正化について」と題するこの通知は、校長、副校長、主幹教諭らで構成する企画調整会議を「学校経営の中枢機関」とするように強く求めている。

ある都立高校の校長は、「まいったよ。これじゃあ上意下達のファシズムだよ」と都教委に対する怒りをぶちまけた。

「民主主義が機能しない学校で、生徒たちに民主主義は教えられないよ。先生の意向が聞けなくなったら、校長の方にしか顔を向けない教員ばかりになるだろう。そうなったら都教委の意向や施策のままに従う教育がまかり通ることになる。都教委が言う『校長のリーダーシップ』なんてウソだよ」

せき止められていた不満を吐き出すかのように、校長はしゃべり続けた。校長連絡会で都教委から説明を聞かされた際には、ほかの都立高校の校長の多くも「やってられないな」という雰囲気だったという。

学校運営は学校の最高責任者である校長に任されているはずだが、実際には校長は都教委の命令に従うだけだ。そもそも、現場の教員が自由に議論して率直な意見を出し合うなかから、よりよい学校運営の方針を校長が決めるのは自然な姿だろう。そんな学校運営を望んでいる校長は決して少なくない。それを一方的に禁止するとは、まさに教育への教育行政の不当な支配・介入であり、教育基本法にも憲法にも違反している。しかしそれでも校長たちが表立って文句を言わないのは、報復人事が怖いからだ。

都教委のやり方を「おかしい」と思っている良心的な校長も、いないことはない。本当は都教委のロボットなんかにはなりたくないのに、それでもロボットとして機能せざるをえない。東京都ではそんな異常なことがまかり通っている。

第6章……………

「つくる会」教科書採択をめぐる圧力

「反日」教員の自宅や職場へ脅迫

◎上映会場や教委に圧力

「山田先生ーっ。県立高校の先生だってわかっているんだぞー。早く出て来ーいっ」

上映会場を取り囲んだ人たちから名指しで叫ばれて、上映責任者の山田太郎教諭（仮名）は「いつの間に職場まで調べ上げたのだろう」と驚くとともに、背筋の寒くなるような思いがした。

二〇〇〇年九月下旬、横浜市神奈川区のかながわ県民活動サポートセンター。韓国の従軍慰安婦の過去から現在を描いた記録映画「息づかい」「ナヌムの家」の上映会場とその周辺は、午前中から右翼団体の街宣車が十数台も走り回るなど、騒然とした雰囲気に包まれた。

上映会を主催したのは、市民グループ「ピースシアター・ヨコハマ」。代表は山田教諭。神奈川県教育委員会や横浜市教育委員会などが、後援に名前を連ねた。

上映の一カ月ほど前から、会場管理者や後援した県教委と市教委に対して、右翼団体や保守系の市民グループが抗議を繰り返していた。「事実に反する映画上映に会場を貸すな」「なぜ、ああいう反日的な映画を後援するのか。取り消せ」などと電話を何回もかける。二〜三人や、多い時は七〜八人で来て、自分たちの主張を延々と述べ続けることもあったという。

このほか、「卑猥な猥褻映画に抗議しよう」と訴えるチラシが会場の県民センターに貼り出されたり、県教委や市教委の名前をかたって「売春映画の成功に協力を」と呼びかける怪文書が出回ったりもした。

こうした動きに対し、県民センターや県教委、市教委は「条例や定められた要領に従っている」として、会場の貸出中止や後援の取消し要求には応じられないとの姿勢を崩さなかった。

そして上映会当日。会場のまわりでは右翼団体の街宣車が並んで拡声器の音量を上げ、機動隊が入口をガード。またこれとは別に、上映中止を主張する保守系の市民グループの数十人は、来場者を怒鳴って威嚇したり、会場ロビーに入り込んで騒いだりして上映を妨害した。さらに会場管理者の神奈川県職員に対しても、別室で一時間以上にわたって抗議の談判を繰り返した。

上映会そのものは無事に終わったが、その間に「自由主義史観」を主張するこのグループは、山田教諭の身分を調べ上げた。どういう方法を使ったのかはわからないが、チラシに書かれた連絡先をもとに、山田教諭が神奈川県の県立高校教諭であることを知ったらしい。

上映会の参加者が全員退場した後、右翼グループに囲まれて、主催者側の数人は会場内に取り残される形になった。名指しで「出て来い」などと叫ばれて身の危険を感じた山田教諭は、警察官に保護されてようやく会場を脱出した。

◎嫌がらせエスカレート

ところが、嫌がらせはこれだけでは終わらなかった。上映会の夜から山田教諭の自宅や学校に、嫌がらせや脅迫の電話、ファクスが何本も入り始めたのだ。


「痴呆の人間を出すのはおかしい。映画はでっち上げだ」

「公務員のくせに反省しろ。後で自宅に行く」

「日本人を売るのか、天誅が下るぞ」

「そんなに日本が憎いのなら教員を辞めて、韓国・北朝鮮・支那にでも帰化せよ」

「お前、ぶっ殺すぞ」……


山田教諭の自宅では、留守番電話に切り替え、番号非通知の通話は着信拒否に設定するなどの対抗措置をとったが、それでも一日に何本もの電話がかかってきた。学校には、多い時で一日二十本もの電話が連日かかることもあった。

学校に届いたファクスには、上映会のチラシの上に「糾弾！」と大きく書かれていた。「売春映画の首謀者が判明！」として山田教諭の実名や学校名だけでなく、自宅の住所と電話番号まで明記した文書もあった。

さらに、山田教諭の自宅近所の民家にも「地域住民の皆様方へ」「反日教師は無用だ！」などと書かれた中傷ビラが投げ込まれた。嫌がらせや抗議の電話、ファクスは県教委にも殺到した。

もっともらしく「抗議活動」などと称しているが、実際には言葉の暴力であり、脅迫行為そのものだった。

山田教諭は神奈川県警に相談した。「もしも自宅に来たらすぐに一一〇番するように」とアドバイスされ、交番の警察官が巡回警備を強化してくれたのは心強かった。

家族が動揺しないでいてくれたのも山田教諭には心の支えになった。しかし、妻がぽつりと漏らした言葉は忘れられない。「知らない男が庭に立っている姿が、夢に出てくるんだよね」

翌週には、上映会で妨害活動をした人物ら計十人が朝から学校に直接押しかけて来た。生徒たちに「売春映画の首謀者が判明！」と書かれたビラを配るとともに、面会を求めてきた。午後になって校長らと一緒に山田教諭が校長室で対応すると、「（山田教諭の行動は）公務員の政治活動にあたるのではないか」などと主張し、大声を出したりテーブルを叩いたりして一時間以上にわたって非難を繰り返した。

「教育活動に支障を来すほど電話が学校にかかってきて、事務に取り次ぎを止めてもらったこともありました。抗議してくる人たちに『申し訳ありません』などと言うことはない。学習指導要領に基づいて生徒たちにはきちんと教育しているわけで、山田先生の上映活動は私人としての時間にやったことだと説明しました」

校長は、抗議グループに対する学校責任者としての姿勢と考え方について、そう話す。校長の対応は毅然としていて筋が通ったものだった。

このグループは県教委にも何回も押しかけて「偏向した教師を辞めさせろ」などと申し入れた。

◎インターネットで中傷

山田教諭を執拗に攻撃する人たちは「公務員による違法な政治的活動があった」などと主張して、より激しく非難を始めた。

上映会の当日、会場にはさまざまな市民団体のチラシが置かれていたが、この中には「盗聴法（通信傍受法）」や「石原都知事の三国人発言」を批判するものなどもある。主催者に断らずに署名活動をした人たちもいた。これが「政治活動」だというのだった。

抗議活動にはインターネットによる誹謗・中傷も加わった。タカ派で知られる都議会議員のホームページからリンクされている掲示板などに、山田教諭の自宅住所や電話番号、勤務先を明記し、「政治活動をした」などの書き込みが続いた。

さらに、山田教諭が参加する市民グループの「近現代史学習会」に対する抗議・妨害活動も始まった。

この学習会は、一九九八年から横浜市港北区の生涯学級講座を委託され、二〇〇〇年度も区と共催で連続講座「子どもと社会をめぐる近現代史」を十月下旬から開く予定だった。ところが、「参加申し込みが少ないので中止にして企画を練り直してほしい」と担当課長が突然連絡してきた。申し込み締め切りまで一週間以上あるので、代表者の主婦は「もう少し待ってほしい」と区側に頼んだ。

その後、四十人近くが参加を申し込んだが、区の決定は変わらないまま。結局は自主講座として開催することになった。

港北区の担当課長によると、「異なる意見の受講者を排除するつもりなのか」などと抗議する電話が、九月下旬頃から何本もあった。一回目の講師だった琉球大学の高嶋伸欣教授の名前を挙げて、「教科書裁判をしている先生を行政が招いていいのか。われわれの意見に近い先生にも講座で話をさせろ」などと要求してきたという。

九月下旬の従軍慰安婦の記録映画上映会場で、「近現代史学習会」のチラシが資料とともに配られ、そこに山田教諭の名前が出ていたことから、学習会が攻撃の標的にされたらしい。

しかし、区は「それは連続講座を中止にした主たる理由ではない。あくまでも参加人数が少なかったからだ。公平性と公益性を念頭に置いて判断した」と説明する。だが関係者は、抗議活動が共催を取りやめた理由だろうと推測している。

「政治的活動をした」と攻撃された山田教諭は十一月中旬、県教委に呼び出されて口頭で注意を受けた。「学校現場に混乱を招くようなことが予想されたのに、校長に相談しなかった。上映責任者として誤解されるような行為があった」などと説明された。

県教委の山本正人・教職員課長は「行政上の処分ではありません」と強調する。

「学校外の私的活動をどうこう言っているわけではないし、上映会そのものについて問題にしてはいない。主催者として会場管理が適切でなかった点について、結果として学校に迷惑をかけることになったわけですから注意させてもらいました」

神奈川県高等学校教職員組合の竹田邦明委員長は、「(県教委の対応は)対右翼との関係でどうやって収めるかということだろう。言論封殺によって、市民活動が制約される風潮を生みかねないのが心配だ」と危機感を募らせている。

◎南京虐殺や教科書問題でも

従軍慰安婦だけでなく、南京虐殺事件や歴史教科書などの問題についての発言でも、個人を標的にした嫌がらせが続いている。

東京都内の公立中学校に勤務する田中一郎教諭(仮名)は、南京虐殺事件の「中国人被害者を支援する会」の呼びかけ人に名前を出していた。二〇〇〇年十月初め、政治団体のメンバーを名乗る男性が、学校に突然電話してきた。

「公務員の政治的中立を侵すだろう。南京事件を子どもたちにどう教えているのか。会って話がしたい」

教諭が面会を拒否したところ、十月下旬から連日、学校に電話やファクスで「公務員の中立性を侵す」「南京虐殺はなかった」などと主張する嫌がらせが続いた。十一月初めには四人が学校に押しかけて来たが、田中教諭は帰宅。校長と教頭が二時間以上にわたって応対した。

翌日から、田中教諭の自宅に嫌がらせの電話が毎日殺到するようになった。

「豚野郎」「公務員を辞めろ」「非国民」「売国奴」「国賊!」「いつまでも生きていられると思うなよ」……。ありとあらゆる罵詈雑言と脅迫が、留守番電話に匿名でいくつも残された。そんな電話は十二月初めまで続いた。

「あまりにしつこいので、最初はめげて気持ちが沈んでいたんですが、だんだんと、なんでこんな攻撃をされなければならないのかと怒りが湧いてきました」

再び四人が学校に押しかけて来たのは、十一月下旬だった。田中教諭は校長や教頭と一緒に四十分ほど対応したが、彼らは「日本に誇りを持つ教育をしろ」「どうして南京事件の生き残りの証言が本物だと認識できるんだ」などと大声で繰り返すだけ。やりとりは最後までかみ合わなかった。

インターネット上でも、やはり中傷は続いた。「新しい歴史教科書をつくる会」を支援するホームページの掲示板など複数のサイトに、田中教諭の個人情報とともに「国賊教師を追放しろ」などの書き込みが確認されている。

また、十一月中旬に東京都内で開かれた教科書問題を話し合うシンポジウムで、国粋主義的な歴史教科書を批判する報告をした千葉県内の公立中学校の教諭の自宅には、シンポジウムの二日後、右翼系政治団体の男性が電話をかけてきた。「白表紙本をどこから手に入れたんだ。クビを覚悟して批判したんだろうな」と男性はまくしたてた。

翌日には男性三人が学校に押しかけて来た。「こんな不勉強な先生が歴史を教えているなんて信じられない」などと凄んだ。

自宅や学校に連日のように電話やファクスがかかってくる。「どうして逃げてばかりいる」「街宣車が出ないだけましなんだぞ」と脅され、インターネットでも実名で非難された。家族ともども精神的にまいってしまったという。

「戦前のファシズムってこういうことだったんだなあ、彼らのような人間が戦争を進めていくんだなあ、と実感します。本当に許せません」

嫌がらせの実態を聞いた関係者の声が怒りで震えた。

杉並二〇〇一年

教科書採択をめぐって

◎「人間の鎖」に五五〇人

「新しい歴史教科書をつくる会」が主導する扶桑社の中学校歴史・公民教科書の採否が注目されるなか、東京都杉並区で二〇〇一年七月二十四、二十五日に教科書採択を審議する教育委員会臨時会が開かれた。審議初日には市民が「人間の鎖」で区役所を取り囲み、同社教科書の採択反対を訴えた。

「あの教科書だけは、子どもたちに渡せません」――。杉並区阿佐ケ谷南の杉並区役所前には二十四日の正午過ぎから、市民が続々と集まってきた。この日の都内の気温は三八・一度まで上昇した。七月として過去最高の酷暑だったにもかかわらず、「戦争賛美・憲法否定の教科書はいらない」「絶対使わせないで」などと書かれた垂れ幕やのぼりを手にした市民の数は、約五百五十人にまで膨れ上がった。

保護者や弁護士、在日韓国人らがそれぞれの思いをマイクでアピールするなかで、中学一年生の女子生徒が「(扶桑社の)新しい教科書は日本をいいようにしか書いていないけど、日本のいいところも悪いところも全部知りたい。そのうえで悪いことは二度としないようにして、日本をいい国にしていきたいと思います。すべて事実を書いてほしい」と発言すると、大きな拍手が起きた。

午後一時過ぎには、市民グループの呼びかけで、集まった約五百五十人が手をつないで区役所をぐりと囲み、扶桑社の教科書を採択しないように訴えた。

前都立大学総長の山住正己《やまずみまさみ》さんは、杉並区民の一人として市民運動にかかわってきた。市民の盛り上がりに感慨深げな様子だ。

「予想をはるかに上回る人が集まったので驚いた。教科書問題が大事だと思う人が広がったのだろう。杉並には原水禁運動の発祥の地という伝統がある。教科書もここから始まるんだという意気込みが伝わってきます」

◎突然の教育委員交代

教科書採択の問題を考える市民グループが区内で最初に立ち上がったのは、二〇〇〇年十二月。「杉並の教育を考えるみんなの会」としてスタートした。憲法について考えてきた市民グループが母体となっているという。

背景には、同年秋の杉並区教育委員の改選騒ぎがあった。慣例では、任期がきても本人が辞意を示さなければ再任されていたのに、山田宏区長が突然、任期満了になる女性弁護士と元都立高校長の委員二人の解任を決めたのだ。二人は「教科書採択は子どもの立場に立ち、親や教員の意見を尊重して選ぶべきだ」などと発言していた。元ＴＢＳ報道局長で大学教授の大蔵雄之助氏、私立幼稚園長の宮坂公夫氏の二人が新しい教育委員に就任した。

これがきっかけとなって、教育問題を考える市民グループが発足した。教員や父母の声、子どもたちの視点とかけ離れた教育行政に危機感を抱いたと関係者は話す。琉球大学の高嶋伸欣《たかしまのぶよし》教授や、「子どもと教科書全国ネット21」の俵義文・事務局長らを招いて講演会を開くとともに、実際に「つくる会」の教科書を読んで、具体的にどの部分が問題なのか整理する学習会を重ねた。

さらに母親数人が手分けして区内の中学校を訪問し、社会科教諭や校長に直接会って意見交換したり、十万枚のチラシを作って署名を集めたりもした。また、市民による教科書展示会を企画して戦前の教科書と並べて比較したほか、教育委員会や区議会文教委員会の傍聴活動も続けてきた。

保護者らの「つくる会」教科書に対する疑問の声は、地域住民の間に着実に広がっていった。「侵略戦争を正当化し、憲法を否定する教科書を子どもたちに使わせるわけにはいかない」という気持ちが共感を呼んだのだった。

◎綱渡り？の採択審議

翌年春から使われる教科書を審議する区教育委員会の臨時会は、二日間とも一般公開された。初日は百十三人、二日目は百四十一人の希望者が殺到したため、抽選で二十人が傍聴した。

中学校用教科書の審議は、二日目の朝から開かれた。五人の委員が各教科のそれぞれの出版社ごとに所感を述べ、委員長が意思統一を図りながら採択していく。歴史教科書は約一時間、公民は約三十分間にわたって審議され、それぞれ帝国書院と東京書籍の教科書が選ばれた。ほかの科目の意見交換は五分から二十分ほどだった。

扶桑社の歴史教科書は、大蔵委員が「難しくて漢字が多いなどと批判されているが、読み物としてすっと読める。ほかの教科書は事実の羅列で、年表に解説をつけたようだ」と評価したほか、宮坂委員は「祖先がどんな国をつくろうとしたか反映されていることが大事だ。面白くてバランスがとれていて最良だ」と推薦した。

しかし、ほかの委員からは、「中学生は基礎・基本を知ることが大事だ。神話と歴史を混同するような教科書は、子どもに与えたくない。先生が教えやすく、子どもたちがわかりやすい教科書を選ぶべきだ」との意見や、「歴史の事実がまさに物語だろう。授業で語り部の役割を果たすのは教師だ。教科書には客観的な事実を書いてほしい」などの批判が出た。

また同社の公民教科書は、宮坂委員が絶賛したが、ほかの委員は「これでは洞察力や考える力が何も引き出せない。随所に日の丸や自衛隊が出てきて抵抗がある」などと反論した。

審議終了後の記者会見で、與川幸男《よかわゆきお》教育長は「(自宅や教委に)たくさんの手紙やファクスをいただいたので驚いたが、影響や圧力を受けたとは思っていない。教育委員が区民の声に耳を傾けるのは当然のことだ。学校票を排して教育委員会が教科書採択する現在の制度がベストだとは思わないが、選定審議会の報告書を参考にするなど、私は現場の声を重視したつもりだ」と話した。

一方、杉並区内の中学校の社会科教員は「教育委員に採択権があるシステムが問題だ。教育委員の数のバランスが崩れたらどうするのか。扶桑社がわかりやすい教科書を作ってきたらどうなるのか」と不安そうな表情を見せ、次の四年後の採択を心配していた。

教育委員会って何だ

「形骸化」と「政治の波」のはざまで

「教育委員会ってどんな仕事をしているのだろう」「教育委員ってどうやって選ばれるの？」——。教科書採択の権限を、二〇〇一年から名実ともに教育委員会に持たせたことによって、教育委員の存在がクローズアップされることになった。教育委員は形だけの存在か、それとも何かができるのだろうか。行政から独立した立場にある教育委員と、それを支える存在である教育委員会事務局。この二つを混同している人は意外と多い。まず、教育委員会制度の仕組みを簡単におさらいしておこう。

教育委員会は、都道府県や市区町村に設置される合議制の執行機関で、通常五人の委員で構成される（教育委員の数は条例によって都道府県と政令市は六人、町村では三人にすることができる）。委員は特別職の地方公務員で非常勤。地方自治体の長が議会の同意を得て任命する。任期は四年で再任も可能だ。

実際の事務を処理するため、教育委員会には事務局が置かれている。事務局の最高責任者が行政職の教育長で、教育委員会の指揮監督のもとに委員会の権限に関するすべての事務を司る、とされている。

◎素人にはわからない

二〇〇一年二月下旬。卒業式での「日の丸・君が代」の扱いや校長への職務命令をめぐって、千葉県教育委員会に請願書を提出した県立小金《こがね》高校の生徒たちは、県の教育庁職員の言葉に耳を疑った。

「教育委員というのは農家のおじさんとか町の銀行員といった人がやっていて、教育のド素人だから、そんな難しい話をしてもわからないよ。実際に決めているのは私たち（官僚）なんだから」

だから、生徒が提出した請願は教育委員会では審議されず、教育長が委員に報告だけする、という説明だった。しかしそれでは、教育委員会の存在する意味なんてなくなってしまう。教育委員会が形骸化しているのを認めることになる。高校生たちは、県教委の職員が公然とそんなことを言うのにあきれ返ってしまった。

これに対して、千葉県教委の宇井美樹《ういよしき》・高校教育指導室長は「生徒とのいきさつはわからないが、教育委員から事務局サイドに、教育の方向性についての質問や助言はずいぶんあると聞いています。人生経験豊富で高い見識を持つ方が委員になっているので、『素人』という評価は当たらないというのが私の印象です」と説明する。

一方、神奈川県内のある教職員組合の元幹部はこう話す。

「形式的に委員会を開いて、事務局の出してきた原案を合議で認知するだけで、言ってみれば教育委員会はお飾りですよ。日常的に教育のありようを議論して発するという場所にはなっていない。委員が委員会の場で自分の考えを出せる仕組みになっているか、反映できるかというと、そういうふうにはなっていないでしょう」

人事、給与、規則、処分案件など、教育委員には本当は重大な権限が与えられている。役割としては重い存在のはずなのに、棚上げされてしまっている。組合にしても「教育委員に教育行政を変える力はない」と思っているから、教育委員を交渉相手にするなんて考えもしなかったという。

ところが二〇〇一年、教科書採択をめぐって教育委員の権限がクローズアップされ、その存在が一躍脚光を浴びることになった。

◎突然の教育委員就任

東京都杉並区の安本ゆみさん(45歳)は二〇〇一年五月中旬、杉並区の助役から区役所に呼ばれた。

「教育委員の席が一つ空いています。保護者の方を登用したいとの区長の気持ちがあるので、ぜひお受けいただきたい」

安本さんは、前年度の区立小学校PTA連合協議会の会長をしていた。給食の調理業務の民間委託をめぐって、保護者代表として行政と接触する機会も多かった。女性で年齢も若い、という条件が考慮されたのかもしれない。

子どもの学校のＰＴＡ会長だった前年度、たまたま当番校だったから連合協議会長として行政とかかわったが、安本さんはそれまで教育委員会の仕組みもよく知らなかった。教育の中味を最終的に決めるのは教育委員だとわかってから、公開されている委員会の傍聴を始めたという。自分は普通の母親だと思っている。

初めて出席した委員会では「新しい時代に学校も親も変わらなければ。子どもが輝くために努力したい」と挨拶した。傍聴席が満席だったので緊張した。

これまでに、区立幼稚園の統廃合や、校外施設の民間委託などの問題について審議したが、最大の難題は教科書採択だった。全教科四百数十冊を読んで、区内の約三万人の小中学生が使う教科書を、自分の考えで決めなければならない。子どもたちに対する責任を思うと怖くなるとともに、親の声を伝える立場でここにいる自分への期待もすごく感じた。

だからこそ余計に「開かれた教育委員会」であるべきだと、安本さんは思う。

「みんなの子どものことについて話し合われるのだから、気軽に興味を持ってもらわなければ。人に見られていれば、委員だって緊張して話をするでしょう」

教科書採択を審議する区教委の臨時会には、百人を超える傍聴希望者が殺到した。

採択審議で、中学校の歴史教科書について、安本さんは「神話と歴史を混同するような教科書は子どもに与えたくない。先生が教えやすく、子どもたちがわかりやすい教科書を選ぶべきだ」などと意見を述べた。また公民教科書をめぐっては、扶桑社の教科書を強力に推す委員に対して、「随所に日の丸や自衛隊が出てきて抵抗がある」などと反論した。

「付箋を手にして、目が痛くなるほどたくさんの教科書を読みましたし、校長先生や各学校の先生からの報告書、市民アンケート、子どもたちの声も参考にして判断しました。現場の声を聞くのが基本です。そうでないと教育委員なんてできませんよ」

安本さんは、教育委員としての姿勢をそう話した。

◎教科書採択で大揺れ

安本さんが教育委員に就任するまで、実は杉並区では半年以上も、委員一人が欠員状態だった。教育委員選任をめぐって、前年秋から騒動が続いていたからだ。

これまでの慣例では、委員の任期がきても本人が辞意を示さなければ再任されていた。ところが山田宏区長は、任期満了になる女性弁護士と元都立高校長の解任を決めた。この二人は「教科書採択は子どもの立場に立ち、親や教員の意見を尊重して選ぶべきだ」などと発言していた。さらにもう一人の元小学校長は任期満了を前に辞任してしまった。

新しい教育委員候補として山田区長が名前を挙げたのは、検事出身で弁護士の佐藤欣子《さとうきんこ》さん、元TBS報道局長で東洋大学教授の大蔵雄之助さん、私立幼稚園長の宮坂公夫さんの三人だった。改憲を主張し教育基本法を批判するなど、三人ともタカ派的な発言で知られていて、世界基督教統一神霊協会（統一教会）や「新しい歴史教科書をつくる会」との関係なども取り沙汰されたことから、地元の学者や文化人らが異議を唱えて要望書を区議会に提出する反発が起きた。

保守系会派を含む議会筋の難色もあって、佐藤さんを教育委員に選任する人事案は撤回したが、山田区長は大蔵さんと宮坂さんの人事案を議会に提案した。採決では共産党や社民党、市民会派など十数人の議員が反対し、さらに公明党議員らが退席するなかで二人の教育委員就任が承認された。

これまで人事案件は満場一致が慣例だったことからすると、異例の事態となった。教育委員会の教科書採択審議で、大蔵さんと宮坂さんは扶桑社の教科書を強く推した。

杉並区の教育委員を九年半務めた弁護士の鬼丸《おにまる》かおるさん（52歳）は二〇〇〇年十一月、教育長から再任がないことを知らされた。

「今回で終わりです。再任はありません。区長の意向です」

はっきりと理由は言われなかったが、新しい区長になってから区の雰囲気や教育委員会を取り巻く情勢が変わってきたな、とは感じていた。教育委員三人が同時に辞めるのを知ったのは、一週間ほどしてからだった。三人は、区長の推進する学校選択制について「導入は慎重に」などと発言していた。

「区長の方針と合わなかったのかなあと考えていましたが、その時は教科書採択のことが関係しているなんて思いもしなかった。でもその後、次の教育委員の名前を聞いて絶句しました」

同じく再任を拒まれた元都立高校長の大門哲《だいもんさとる》さん（70歳）も、二〇〇〇年十一月に「先生じゃない人を区長は次の教育委員に考えています」と耳打ちされた。

人づてに、山田区長が「子どもの教科書を見てびっくりした。なんでこんなに偏向した教科書を使っているんだ。教科書を変えなければ」と区教委の幹部職員らに話したと聞いて、教科書採択を視野に置いた人選なんだと感じたという。

「委員の任命権が首長に握られている限り、独立や政治的中立は難しい。現場の先生の意見を吸い上げないで、教育委員だけで教科書を選ぶのはやはり問題がありますね」と鬼丸さんは話す。

◎政治的中立って何？

こうした意見に対して、山田区長は「再任されるのが前提というのがおかしいと思う。ずっと同じ人がやるのでは、かえって腐敗や弊害が生じる。前の教育委員が悪いというのではなくて、これまでの教職員組合とのなれ合いの関係を断ち切って緊張感が生まれるようにと考えた」と反論する。

山田区長が就任するまでは、弁護士や校長経験者から一人ずつ、といったような不文律の枠組みがあった。団体推薦などを受けて教育委員は選ばれてきたという。

「それでは無責任になる。助役や教育長らの考えも聞いて人物本位で選んでいる。無色透明の人を選べばもちろんスムーズにいくだろう。世の中に発言している人を選んだ場合は、議会の中でもいろいろあるでしょうが、個人の責任で発言できる教育委員が必要だ。もちろん不偏不党、政治的中立であることは大切です」

しかし山田区長が推薦した人たちには、議会や市民の間から強い批判があった。

「人格と識見が優れていて、教育委員として緊張感を持ってやってもらえると考え、自信を持って選んだので全然問題ない。一部左翼の人たちが曲解し、あることないこと人格攻撃しているだけですよ。これで教育委員の準公選なんかやったら政治利用が横行して、人気取りの委員が出てきてめちゃくちゃになりますよ」

一方、杉並区の教育行政のトップである與川幸男《よかわゆきお》教育長（60歳）は、「教育委員は首長が選ぶので、当然のことながら首長の意思が働く。選任段階で政治的影響を受けるのです。財政も人事権もすべて時の首長の掌中にある」と明言する。

これまで、首長と教育委員会事務局はツーカー関係にあった。山田区長はそこに一線を画す。リーダーシップを発揮していく新しいタイプの首長で、石原慎太郎都知事に似ているという。新しい教育委員は区長自身が選んだ。「僕に相談はまったくありませんでした」と與川教育長は話す。

教科書採択の審議の時、與川教育長は扶桑社の教科書には疑問があるとの立場で発言した。

「うちの教育委員は、自分の意見をはっきり言える人たちですから、公開の場でしっかり議論ができた。行政機関の長である教育長はほかの教育委員とは一線があって、自由闊達にしゃべれるわけではなくて手かせ足かせがありますけどね。僕は信念に従って正直に生きているので、自分の信念を曲げてまでバランスをとろうなどとは思っていません」

◇　◇　◇

栃木県下都賀《しもつが》郡。二〇〇一年の教科書採択をめぐって、最も注目された地域だ。公立中学では全国で初めて、扶桑社の歴史教科書採用を決めたのが下都賀採択地区（小山《おやま》市など二市八町で構成）の採択協議会だった。その後、地区内すべての市町教委が協議会方針を否決し、再協議で扶桑社教科書の採用は見送られることになった。

採択協議会は二市八町の教育長と教育委員長に、保護者代表を加えた計二十三人で構成される。現場教師の調査員が報告書を作成して、どの教科書を推薦するかを提示する。ほとんどの教科はこの報告書に基づいて選ばれたが、歴史と公民の教科書は違った。

下都賀郡国分寺町の印南英輔《いんなみえいすけ》教育長（66歳）は、「協議会の決定がひっくり返ったのは、市町教育委員会がチェック機能を果たしたということです」と話す。

「教育委員長に扶桑社を支持する人が多かったので、いったんはああいう結果になった。委員長がこうだと言えば、事務局の長である教育長は反論しにくい。でも市町教委では、町や子どもの様子を考えて五人の委員で決めるから、思ったことを自由に話せる。冷静に考えてよく読めば、戦争賛美しているなど、教科書そのものに問題があることはわかりますよ。うちの委員長はもともとあの教科書には反対でした」

七月末に国分寺町長を引退した若林英二さん（78歳）は、採択協議会が最初の決定を出した直後に「戦争への反省がない教科書を多数決で町に押しつけるな」と批判の声を上げた。若林さんは戦争体験もある保守系政治家だ。

「教育委員会の決定は民度の反映です。だからこそ、各教育委員会で採択協議会の決定がひっくり返ったんですよ。町長は教育には口を挟まないことになっているからね、協議会の決定は町民や議員から聞いて初めて知ったんだけど、黙っていてはいけないと思い新聞に投書した。よくぞ言ってくれたと、教育委員やよその町長からも感謝されましたよ。栃木県は先生の組合が日教組じゃないから右翼的地域なんて言われるが、ここは自民党のリベラルで穏健な人が多いんです」

◎理想の教育を掲げて

弁護士の鬼丸さんは杉並区の教育委員になった当初、戸惑うことばかりだった。議案の条文や提案理由だけ見ても、何がどう問題なのかよくわからない。これで重大な決定権を持っていていいのだろうか。教育委員の権限の重みに沿っただけの資料や、行政に質問できる場所と時間がほしいと思った。

元都立高校長の大門さんは、教職員組合（都高教）の書記長や副委員長として、行政当局に「文句を言う仕事」を十年以上やってきた。校長になってからも言うべきことは言ったし、「日の丸・君が代」もやらなかった。

当時の区長は保守系だった。教育委員就任を打診されて「僕でいいんですか」と思わず聞き返したという。議会で少しもめたが、最終的には承認された。

「教育委員は組合の延長のような仕事でした。まずいことはまずいと指摘して譲るところは譲る。うるさいことも言ったが、理屈が通っていればわかってもらえて信頼関係もできる。でも事務局案が委員会で否決されることは、まずなかった。通りそうにないと判断すると、議案を引っ込めてしまうんだ。否決の議事録が残ることを役人はとても嫌うんです」

◇　◇　◇

教育委員会を住民の手に取り戻そうとする「実験」が、東京都中野区であった。区民投票の結果を教育委員任命の参考にする全国唯一の「教育委員準公選制」が、その「実験」だ。一九八一年二月から一九九四年一月まで行われ、区民投票は四回実施された。

「大事なのは誰に選ばれるのか、どっちを向いて仕事をするかということ。私は住民によって選ばれたから、住民の方を向いて仕事をしてきました。住民に応援されたからこそ、大変だったけど四年間やってこれたんです」

第一回準公選で教育委員に選ばれた評論家の俵萌子《たわらもえこ》さん(70歳)は、当時をそう振り返る。俵さんが教育委員になった時、まわりは敵だらけだった。保護者が教育委員に会いたくても会ってもらえない、そんな不満からでき上がった準公選だったが、前例踏襲にこだわる教育委員会事務局の官僚主義の壁は厚い。既得権を守ろうとする教職員組合、さらに東京都教委や文部省(当時)まで相手にしなければならない。

住民の声を背景に、審議内容を詳細に載せた議事録を出すなど、情報公開を徹底するようにした。事務局は強く抵抗したが、「職員を入れ替えなければ記者会見して辞任する」と区長に迫ってから、事務局の雰囲気はがらりと変わって協力的になった。委員会を毎週金曜日に開くようにしたほか、年に二回「夜の教育委員会」を開いて傍聴者にも自由な発言を認めた。

給食の民間委託問題では、行政と職員組合との板挟みになったが、勉強会を重ねて組合や住民の目の前でとことん議論した。結果は委員全員が民間委託に賛成。傍聴席から拍手が起きた。

「手間ひまかけて議論を尽くせば一致点に到達する。それが民主主義です。感動的でした」

自分たちが選んだ教育委員だからこそ、住民はその仕事ぶりに関心を持つ。「毎回、大勢の人が教育委員会の傍聴に詰めかけたことに関心の高さが現れている」と俵さんは強調する。

子どもたちの修学旅行や移動教室にもついて行った。子どもたちと寝起きを一緒にすることから教育現場を知ろうと、中野区の教育委員たちは懸命だった。

「公開の場で住民に見られていると、教育委員は勉強して公正な発言をする。住民に育てられて、教育委員自身の意識が素晴らしい変貌を遂げていくのです」

しかし、政治の波に押し流されて準公選は廃止された。

「つくる会」の歴史教科書を使ったら……

「こういう教科書が自分の中学生時代にあったら、もっと歴史が好きになったのにと思いますよ」

愛媛県立松山西中学・高校の宇都宮博晶校長は、扶桑社の中学校歴史教科書をそう評価して笑った。同校は二〇〇三年に開校した県立の中高一貫校だ。愛媛県教育委員会は二〇〇二年、同校など県立中高一貫校三校について、一般公立校として初めて扶桑社の教科書を採択した。

これまでの教科書を「自虐的だ」と批判し、「新しい歴史教科書をつくる会」が主導する扶桑社の中学校歴史教科書は、二〇〇一年に続いて二〇〇五年も検定合格したが、「侵略戦争を賛美している」「歴史観に偏りがある」と内外から批判されている。二〇〇五年春の時点では、私立校や養護学校のほか、愛媛の三校と同年春に開校した東京都立初の中高一貫校（白鴎高校附属中学校）が採択するだけだ。全国採択率は〇・一％に満たない。

◎評判教師——先生の授業は面白い

松山西中学校で実際に歴史を教えている野澤道生教諭(41歳)は、「授業に不満の声を聞いたことはないですね。授業が面白くないと言われたこともない。生徒の食いつきはいいですよ」と話す。

野澤さんは高校教員だった。中高一貫校の開校で、「ぜひ新しい学校に」と白羽の矢が立った。

「それなりの人材に来てもらっている。野澤先生の歴史の授業には定評があるんです。授業を工夫して生徒に興味や関心を持たせる。『野澤ノート』は他校の生徒にも人気があって、これで大学合格したと評判になるくらいだから」。宇都宮校長は手放しで野澤さんを絶賛する。

高校で教えていた時から授業用のノートを作っている。中学と高校で同じ内容のところがあるので、中学生用に必要な事項を選んで板書していくという。「教科書を利用しながら、高校での経験をもとに授業を組み立てています」

ノートを見せてもらうと、単元ごとに整理された図解がきれいにまとめられていた。

「扶桑社の教科書は説明が詳しいのがうれしいですね。例えば『禁中並公家諸法度』という言葉はほかの教科書には出てこない。細かく書いてあるので、つい話し過ぎて授業が遅れたりもしますが、高校で大学受験を指導していた者にとって詳しく書いてあるのは使いやすい」

野澤さんの授業が生徒に評判がいいというのは確かなようだ。

「野澤の授業ってすごく面白い。野澤の授業が一番好き。来年の政経も野澤にやってほしいなあ」

女子中学生が友達とそんな会話をしているのを耳にした。

◎自信満々――問題ない大丈夫です

一方、侵略戦争や近現代史などに関して扶桑社の教科書が批判されていることについて、野澤さんはまったく気にはならないという。

「教科書によって見る方向が違います。侵略が起こったのは事実。扶桑社の教科書はむしろ侵略戦争を批判的に書いていたりする。過ちは過ちとして認めて、なぜそういうことが起きたのかを考えさせたい。当時の日本政府が『大東亜戦争』と命名したのは事実。歴史的評価が分かれる部分については、こういう意見や説もあると資料を示して、『僕はこの意見には反対』といった説明はします。いろんな見方や考え方があることを理解させたいですね」

そして、「どんな理由があっても戦争は絶対によくない。戦争賛美の誤った歴史観を生徒が持つことは絶対ないですよ」と強調した。

「教科書を隅から隅まで読めというわけではないし、うちの生徒は選抜されて入学しているので、教科書を読みこなせます。優秀な生徒は授業と照らし合わせて教科書を使っているから問題ありません」

神話の記述が際立つことも、野澤さんは違和感を感じないという。

「厳密に読んだら神話であると取れるので歴史的事実と混同することはない。支配した側が国の統一を物語に折り込む意図が神話にはあるんです。嘘ばかりではない。建国神話とは何か理解させて説明します」

同じく、もう一つの県立中高一貫校の今治東中学校で歴史を教えている田坂敏教諭（43歳）も、扶桑社の教科書は「内容が詳しいので使いやすい」と評価する。

「詳し過ぎてどこを端折っていくかという悩みはありますが、高校で習う内容も出てくるので上へとつながりやすいです。教科書に書かれていることを全部教えるわけではなく選んで教えるので、教材研究など教師側の工夫は必要でしょう」

神話や戦争の記述について、野澤さんに聞いたのと同じ質問を田坂さんにもぶつけてみた。

「神話を一つ一つ取り上げるのではなく、神話が生まれた過程や建国の意味合いを教えます。戦争は絶対にしてはならないというのが前提です。南京入城の際に捕虜に対して痛ましい行為があったことは簡単に伝えた。目的はどうであれ強制連行が間違っていたのは事実です。日本人のしてきたことを自分なりに説明したつもりです」

田坂さんは教科書のほか、資料集をベースに、インターネットや写真集も使いながら授業を進める。

「特定の教科書を使ったから偏った授業になるということはない。教科書がすべてではない。執筆者や編集者の歴史観はつきまとうが、授業は教える側の歴史観や倫理観があってのものだ」と力説した。

教師が「わかりやすく魅力的な授業」をすべきなのは言うまでもないが、同時に教師にはバランスのとれた歴史観や問題意識も必要だ。過去の過ちをなかったことにして自国に都合のいい部分だけを強調する教育では、世界から信頼され尊敬される日本人は決して育たないだろう。

授業技術に長けただけの教師や、教科書を右から左に教えるだけの教師が、もしも扶桑社の教科書を手にしたら……。そんな不安を抱く保護者や教育関係者は少なくない。

愛媛県立中学校に子どもを通わせている保護者の一人は、「子どもが授業をどのように受け止めているのかは正直よくわからない。親からの影響や友達の影響などがあって、その一つとして授業の影響というのもあるでしょうね。そういうなかでは、教育委員会がお墨付きを与えた教科書の存在はやはり大きいと思う」と話す。

◎模擬授業――まるでドラマみたい

二〇〇五年三月。東京・調布市内で、扶桑社の教科書を使った「模擬授業」が開かれた。授業をしたのは、私立中学校教諭の富永信哉さん。この日は「大東亜戦争」を取り上げた。

「臨時ニュースを申し上げます。臨時ニュースを申し上げます。大本営陸海軍部午前六時発表。帝国陸海軍部隊は本八日未明、西太平洋において、アメリカ・イギリス軍と戦闘状態に入れり」

授業冒頭で、日本の太平洋戦争突入を知らせるラジオの臨時ニュースが読み上げられた。すかさずプリントが配られる。「臨時ニュースに列島興奮」と題された読売新聞社発行の資料記事だった。「国民の気分は一気に高まり、日中戦争の陰うつな気分が一変した」という教科書の記述を補強する教材だ。

続いて富永さんは、「どうして日本は米国と戦争することになったのでしょう」と生徒たちに問いかけ、米国などの経済封鎖によって日本がどんどん追いつめられていく背景を解説する。そうやって「仕方なく」戦争することになってしまった日本だったが、日本軍はまたたく間に東南アジアを占領していく。ハワイ、シンガポール、フィリピン……。日本の進撃が続いた地域に印をつけるように、生徒たちに指示が出る。

そこで富永さんは、「自存自衛とアジアを欧米支配から解放して大東亜共栄圏を建設する」のが大東亜戦争の目的だったことを説明し、「独立への夢と勇気を育んだ」という教科書の説明を確認させた。

ベテラン教師の話術とふんだんに用意された資料によって、飽きさせない。こんな感じで約四十分の模擬授業は終わった。

実はこの日の授業は、扶桑社発行の教師用「指導書」を参考に進められた。扶桑社の「指導書」は、生徒への質問の仕方から資料を出すタイミングや確認させるべき重要ポイントまで、実に細かく授業展開例が示されている。まるで演劇やドラマのシナリオのようだ。ほかの教科書会社の「指導書」にはこれほど詳細な指示は書かれていない。

「扶桑社の教科書は、戦争の原因についての記述が根本的に間違っていると思います。米国の経済封鎖によって日本が追い込まれたという構図を強調することで、中国とのかかわりがわからなくなっている。大東亜共栄圏は日本の経済圏をつくることが目的で、独立運動はさせないのが本音。軍隊が国民を守らなかった沖縄戦の実態も書かれていない」

富永さんは「なりきって授業するのは苦痛でした」と苦笑した。

◎研究熱心——批判的授業できる？

授業内容は教える側の力量次第でどうにでもなるのではないのか。しかし、愛媛県の県立高校社会科教員は、「教員の見識や問題意識は決して高くはない」と悲観的だ。

「スカートが短いことを注意したりケータイを取り上げたりするのは熱心だけどね。職員会議で自分の意見を言わないような先生に意欲的な授業ができるわけがない」

同県の公立中学校社会科教員は、「愛媛の教員は研究熱心で授業もうまいですよ」と話す。教材から子どもたちが主体となって調べて追究していく「問題解決学習」は、愛媛の伝統的な授業法だという。

「でも、それは決められた一定の枠内での自由。愛媛の教員が熱心なのはあくまでも授業の方法論で、お上が決めた教科書に沿った工夫なんです。与えられた教科書が代わればそれに応じた授業をやってきたし、これからもたぶんそうする。教科書を批判的に捉えて面白い授業をしようなんて考えないでしょう」

一方、東京都内の公立中学校の社会科教員は、「プリントを作って配れば扶桑社の教科書の問題点が見えてくる授業になると思うが、今の教員は雑務が多くて勉強する時間も余裕もない。新採用の教員は研修漬けになっている。蓄積のない教員が扶桑社の教科書を使って教壇に立つと非常に怖い」と指摘する。

広島県の公立中学校教員も、「教科書を材料に自分で授業を組み立てるには、準備に時間が必要で教員の負担がすごく大きい。能力的にもそこまでできる教員は少ない。教科書に書いてあればそのまま教える。教科書を読んで説明する授業になってしまいがちだ」と話す。

東京都内の公立中学校では最近、「従軍慰安婦」や「南京虐殺」などのテーマには触れにくくなっているという。保護者の一部から「偏向授業だ」と教育委員会に通報され問題になるケースもある。授業で配ったプリントは回収する教員もいる。

「いつ教室の後ろがガラッと開いて校長や教頭が入ってくるか、ドキドキしながら授業をしています」

そんな状態の教育現場に扶桑社の教科書が持ち込まれたら、生徒は一方的な歴史観だけを学ばされることになってしまうだろう。

杉並二〇〇五年

「つくる会」歴史教科書採択の舞台裏

二〇〇六年春から全国の中学校で使われる教科書の採択が、二〇〇五年八月末で終わった。「新しい歴史教科書をつくる会」が主導して執筆した扶桑社の歴史・公民教科書の全国採択率は、「子どもと教科書全国ネット21」などの調べによると、公立中学校と私立中学校の合計で、歴史は〇・三九%、公民は〇・二〇%になるという。

前回二〇〇一年の扶桑社教科書の採択率は、歴史が〇・〇四七%、公民が〇・〇五五%だったが、「つくる会」は今回は一〇%の採択率をめざしていた。

◎市区町では杉並と大田原だけ

市区町村レベルの公立学校で扶桑社教科書を採択したのは、全国五百八十三の採択地区のうち、栃木県大田原市（歴史と公民）と東京都杉並区（歴史）の二地区の教育委員会だけ。都道府県立では、東京都、愛媛県、滋賀県の中高一貫校（いずれも歴史）と、ろう・養護学校（東京は歴史と公民、二県は歴史）で扶桑社が使われる。

他社の歴史教科書を「自虐的だ」と批判し、「日本人としての自信と責任を持てるような教科書を」と主張する「つくる会」の扶桑社教科書には、「侵略戦争をアジア解放のためだったなどと説明して肯定・美化している」「歴史観に偏りがある」と内外から厳しい批判の声がある。このため前回や今回の採択でも、圧倒的多数の採択地区協議会（複数の自治体で構成）や教育委員会は、扶桑社以外の教科書を採択した。

もちろん扶桑社教科書をめぐって、支持派と反対派の教育委員が拮抗した地区もあった。しかしそれでも、扶桑社を採択した大田原市など五つの教育委員会の決定は、かなり突出した格好だ。

そのなかでも杉並区は区立中学校が二十三校あり、使用する教科書が一年間に約二千冊と大部数になるため、全国から注目を集めることになった。東京都心の区立中学校で、扶桑社教科書が初めて使われることになれば、よその地区へ与える影響は大きい。

◎社会科は異例の「継続審議」

二〇〇五年八月四日。午後一時過ぎから、教科書を採択する杉並区教育委員会の臨時会が開かれた。杉並区役所前には朝から、扶桑社教科書の採択反対を訴える市民団体のほか、「日の丸」の旗を手にした賛成派も集まり、委員会傍聴を希望する市民は約五百人になった。公開の委員会室で傍聴できるのは二十人。抽選に漏れた市民は、別室でスピーカーから流される委員会審議のやりとりに熱心に耳を傾けた。

委員会には五人の教育委員が全員出席し、国語と書写の採択に続いて、社会科は歴史から検討を始めた。ところが、扶桑社の評価をめぐって意見がまとまらないということで、歴史、公民、地理の三科目と地図は継続審議にして、社会科を除くほかの科目だけ採択する異例の事態になった。

この日、歴史の審議で口火を切ったのは幼稚園経営者の宮坂公夫委員だった。四年前も扶桑社を強く支持した宮坂委員は、「神話をきちっと取り上げている。日本が関わった戦争には日本の言い分があるはずで、日本の言い分を子どもたちに知ってもらいたい。読んでいて一番面白いのが扶桑社だ」と絶賛した。

元TBS報道局長の大蔵雄之助委員も扶桑社を高く評価して、「大東亜戦争という呼称が悪いというのは、言葉狩りと同じでおかしい。日本がアジアを解放しようとしたと言うのを嫌がるアメリカ軍が占領方針で使用を禁止した。筋が通っていることで扶桑社は面白い」としたうえで、「扶桑社でなければ、教科書作りが非常に上手なのは東京書籍。三番目は大阪書籍が割合によい」と順位をつけて他社にも言及した。

これに対して、四年前に扶桑社に反対した元区立小学校PTA連合協議会長の安本ゆみ委員は、「扶桑社にはいろいろな説を載せる姿勢が見えない。世界とのかかわりや出来事が少なく、東京大空襲や集団疎開、沖縄戦などの記述もあまりに少ない」と批判。一方、「資料から考えさせて、中学生にわかりやすいと現場の先生の評判もいい」との理由から現在使われている帝国書院を推すとともに、「読みやすくてわかりやすい」として大阪書籍も評価した。

千葉大学名誉教授の丸田頼一委員長も「現場の先生から基本が充実していると評価され、歴史的遺産や人権についてバランスがよくとれているので帝国書院がいい」と発言。扶桑社については、「自主的に子どもたちが勉強するようになっていない。地域史を学ぶ割合、中世や人権の記述が少ない」と指摘した。

◎最終的「決定権」は教育長に

一方、納冨善朗《のうとみよしろう》教育長は「扶桑社は際立ってユニークな思想性を持っている。帝国書院は充実していて、先生たちの教材研究の便宜を考えると捨てがたい。大阪書籍も歴史を多面的に捉え、子どもたちが自主的に学ぶ姿勢を育てていく素材としていい」などと説明し、三社を同等に評価した。そして、「率直に言ってどれでもいい。三者三様の特色があってそれなりにいいなと思っている」と述べた後で、「扶桑社に戦争賛美の印象は受けなかった」と付け加えた。

この時点で扶桑社に対する評価は、賛成と反対が二対二の同数。発言内容から考えると、納冨教育長は態度を決めかねて、判断を迷っているように見える。しかしそれは、納冨教育長が採択を左右する立場にいることを意味した。

ここで大蔵委員は、「もう一回読み直して考えてみたい。もう少し時間をいただけないか」と発言する。これに納冨教育長が「慎重にやりましょう」と応じたため、丸田委員長は「では、社会科は継続審議という形で」とまとめて、結論は八月十二日の審議に持ち越されるという異例の展開になった。

しかし、教育委員の間で賛否が二対二とはっきり分かれている扶桑社をとりあえず横に置いて、ほかの教科書の中から「最大公約数」の意見をまとめる方向で調整すれば、採択は違った展開になったかもしれない。現実的にはそういう選択肢もあったはずだ。「落としどころ」として、大阪書籍で合意できる余地は十分にあったとも考えられるが、なぜかそうはならなかった。

実質的には、納冨教育長の決断が最終決定権を握る形となったのだった。

再審議の八月十二日。教育委員会の臨時会は午前十時過ぎから始まった。委員会傍聴を希望して、前回の二倍の千人近い市民が抽選に詰めかけた。

杉並区役所前はごった返していた。扶桑社反対と賛成の両グループが、のぼりやプラカードを掲げて拡声器でそれぞれの主張を繰り返す。大勢の制服警察官や区職員が警備に駆り出され、路上には装甲車や警察車両が並ぶ。傍聴できるのは前回同様二十人。抽選に漏れた市民は二つの大部屋にあふれ、スピーカーから流される審議内容に聞き入った。

◎「態度」を鮮明にした教育長

この日、最初に意見を述べたのは、継続審議を提案した大蔵委員。「八社の歴史教科書をもう一回読み直した結果、扶桑社の教科書が一番学習指導要領に近い記述だった。しかし東京書籍も決して悪くないし、大阪書籍も要領よくまとめてあって悪い教科書ではない。前回の順位は変えられなかった」と説明した。

安本委員は、「自ら学んでいく学習を学校の先生方は望んでいるし、親としても自分で考える力を養ってもらいたいと思っている。帝国書院は大変にいいと思う。大阪書籍は近代史の内容が充実していい教科書だ」と二社を評価した。

宮坂委員は、「学習指導要領に一番忠実なのは扶桑社だ。ほかもそれぞれ立派ないい教科書だと思うが、比べるとやはり扶桑社ではないか。強いて挙げれば、大阪書籍、東京書籍あたりぐらいかなと考えている」と発言した。

納富教育長は、「帝国書院は理念型の平和構築論を持っていて、大阪書籍は国際協調に期待しながら憲法の理念を生かしながら貢献していくスタンス、扶桑社は『戦争はなくなりっこない』という現実を踏まえて中学生諸君に問題提起している。だからといって、現実を直視した扶桑社の書き方が争いを賛美・助長しているとは思わない」と強調した。

ここで丸田委員長は、「扶桑社は全体的に説明調で、いかにして教え込もうかという流れが鮮明に出ている気がした。自ら学び考える、思考力重視の学ぶ材料としての教科書が求められている」と扶桑社に釘を刺し、「皆さんが挙げている大阪書籍も捨てがたく、かなり好評を得ている。調査委員会の報告書でも多面的でわかりやすいと好評だ。どういうふうに位置づけて絞り、採択候補に入れていくか話をお願いしたい」と、大阪書籍をテーブルに載せようとした。

ところが、宮坂委員は「扶桑社を外してどれかというと自信がない」と扶桑社に固執し、大蔵委員も「扶桑社は説明調ではなく物語調だ。興味を持たせることで成功している。二位はそつのない東京書籍だ」とそっぽを向く。

丸田委員長が「三社並列では済まなくなってきたが」と納富教育長に水を向けると、教育長は「あえて三社の中で順位をつけるとすれば、扶桑社、大阪書籍、帝国書院という順序で並べたいと思う」と発言した。

これで扶桑社への評価は、数字の上では賛成と反対が三対二となった。

扶桑社の歴史教科書を採択した杉並区教育委員会。審議は公開で行われた＝2005年8月12日午前10時、杉並区役所で

丸田委員長は「今の教育長の発言で、流れがそっちに行ってしまっているわけですね、そういうことですよね」とつぶやくように述べた。

そして唐突に、諸外国の自由な教科書採択システムや教科書を使わない授業の例、副教材の活用などについて、あらかじめ用意してあったと思われる私見を披露し、「今回、本当に数多くの課題を残しながらも、歴史は他教科同様の決定方法によって、より多くの賛意を得ている扶桑社に決めさせていただくことになってしまいますが……」と話し始めると、傍聴席から扶桑社に反対する激しい野次が飛んで委員会室に緊張が走った。

傍聴席では、「つくる会」副会長の藤岡信勝氏が約二時間の審議の様子をじっと見守っていたが、扶桑社が採択されると、次の公民教科書の審議を聞かずにそそくさと席を立った。公民はなぜか扶桑社は採択されず、わずか二十分の検討であっさりと大阪書籍に決まった。

◎反対する教育委員を個人攻撃

扶桑社教科書を批判する意見を述べた安本委員に対して、「つくる会」は八月八日付で、「扶桑社だけを狙い撃ちするような誹謗・中傷発言があった」として公開質問状を送り付けた。一回目の採択審議が開かれてから四日後のことだ。

「つくる会」が問題にしたのは、八月四日の採択審議で、安本委員が「この教科書は戦争に向かう」と発言した部分。「不当な中傷であるとともに、根拠のない予断を与える」として、「なぜそのような評価に至ったのか理由を明らかにされたい」などと求めるとともに、「貴殿の評価は扶桑社に反対している市民団体などの主張と同一内容と考えられる」と決めつけている。

公開質問状は、扶桑社歴史教科書の代表執筆者で「つくる会」副会長の藤岡信勝氏、同公民教科書の代表執筆者で同会長の八木秀次氏の連名で郵送。さらに同一文書が、ほかの教育委員や教育委員会事務局、マスコミ各社にも送られ、インターネットの同会サイトにも掲載するといった念の入れようだった。

同じ内容の質問状は、採択が終わった後の九月になってからも、安本委員の自宅に送りつけられてきたという。

このほか、扶桑社を支持した大蔵委員も審議の中で、扶桑社の教科書に異議を唱える安本委員に対して、「戦争をすすめる教科書とはどういうことなのか」などと執拗に迫った。

ほかの市区町村と比べて、杉並区が突出して「特別な存在」に位置づけられているのは明らかだろう。扶桑社教科書を批判する発言をした教育委員が、「つくる会」執筆者本人から公開質問状を突きつけられたのは杉並区だけだ。

ほかの自治体の教育委員会でも、採択審議の中で扶桑社教科書に言及して批判的な発言をした教育委員は少なくない。「教科書のレベルに達していない」とまでこき下ろした教育委員もいるというのに、「つくる会」が公開質問状を出したとの話は聞かない。

そもそも採択審議の最中に、教科書執筆者が教育委員に質問状を送りつけるのは前代未聞だろう。しかも杉並区では採択当日、執筆者本人が委員会の傍聴席に陣取っていた。これこそまさに「圧力」や「脅迫」ではないのか、「つくる会」側が主張していた「静謐な環境」を否定するものではないか、といった批判の声が高まっている。

「自存自衛とアジアを欧米支配から解放して大東亜共栄圏を建設するのが大東亜戦争の目的だった。独立への夢と勇気を育んだ」などと、一方的に「大東亜戦争」を説明する。これこそ過去の侵略戦争の肯定・美化であって、普通の感覚を持った人は「戦争に向かう教科書」ではないか、と不安に思うに違いない。

安本委員は「なぜ扶桑社の教科書を杉並区で選ばなければならないのか、さっぱりわからない。現場の先生や子どもたちはどうするんだろう、小学校で教わったことと全然違うことを習って面食らうだろうなと考えると、こんな教科書を選んだ教育委員の一人として、ひたすら申し訳ないと思います」と涙ぐんだ。

◎任命権者の意向が採択に反映

二〇〇一年の教科書採択では、杉並区教育委員会は歴史も公民も扶桑社教科書を選んでいない。教育委員の顔ぶれは、教育長以外は四年前と同じだ。納富教育長の前任の與川幸男氏は、採択審議の場ではっきりと、扶桑社教科書には疑問があるとの立場で反対意見を述べた。與川氏は教育長を再任されず、二〇〇三年に山田宏区長は、当時は区長室長だった納富氏を教育長に任命した。

「教育長が交代した時点で、今回の採択結果はもう決まっていたんだよ」と話す教育関係者は少なくない。

そうした予兆は、大蔵委員と宮坂委員が二〇〇〇年に任命された時点で、実はすでにあった。山田区長は、任期満了になる女性弁護士と元都立高校長の教育委員を再任しなかったからだ。慣例では、任期がきても本人が辞意を示さなければ再任されている。この二人は「教科書採択は子どもの立場に立ち、親や教員の意見を尊重して選ぶべきだ」と発言していた。新しい教育委員として山田区長が任命したのが、大蔵氏と宮坂氏だった。

行政から独立した立場にあるはずの教育委員会と教育委員だが、実際には政治の影響を色濃く受ける。

再任されなかった教育委員の一人は当時、「委員の任命権が首長に握られている限り、独立や政治的中立は難しい。現場の先生の意見を吸い上げないで、教育委員だけで教科書を選ぶのはやはり問題がある」と語っている。

また、当時の與川教育長も「教育委員は首長が選ぶので、当然のことながら首長の意思が働く。選任段階で政治的影響を受ける」と明快だった。

「僕は信念に従って正直に生きているので、自分の信念を曲げてまでバランスをとろうとは思っていない」と話していた與川氏は現在、杉並区文化・交流協会の相談役を務めている。今回の採択結果をどんな思いで見ているのだろうか。

「アジアの国々から理解を得にくいとんでもない選択をしたなと思う。読んだ人が傷つくような教科書で歴史を教えるというのが、僕は理解できない。扶桑社の教科書が反発されるのは、事実に反しているから。大東亜戦争はアジアを解放するための戦争だったなどと、随所に気になる記述がある。特定のイデオロギーに染められたものを押しつける教科書には疑問を感じる。子どもと一緒になって学ぶ姿勢を支援していくのが教育でしょう。理想を語らない教育や教科書なんてありえない。寂しいですね」

どうにも納得いかないと、與川氏は採択結果を一刀両断にした。

一方、共同記者会見に応じた納冨教育長は、採択審議の最終段階で「決め手」となる発言をしたことについて、「現場教師や区民からの意見をすべて斟酌しながら、それぞれの委員が公式の場で議論して決めたこと。どの教科書もいいが、委員長に聞かれたのであえて順位をつけて申し上げた。今回の採択は投票でなくみんなで論を尽くした結果だ」と述べ、「教科書のために教育長に任命されたのではない」と強調した。

◎「侵略美化」現場は総スカン

前回の採択から、学校現場の意見を軽視・排除し、教育委員会が自身の責任で教科書を決める仕組みに制度が大きく変わった。そんななかで、現場教員の意見を教育委員に反映させるルートが、教科書調査報告書だ。

報告書には各科目のそれぞれの教科書ごとに、「内容の選択」「構成・分量」「表現・表記」など五つの観点別評価と総合所見が記入される。教育委員はこの報告書を採択の判断材料とする。

教員による比較研究に、市民の意見も加えてまとめた杉並区の教科書調査委員会報告書には、扶桑社教科書に対する否定的な評価が記されていた。

「一揆や市民革命など、社会を動かそうとした大衆のエネルギーに関する記述が弱い。物事に対して一面的な記述が多いので、多面的なものの見方を育てることにつながらない」

これが扶桑社に関する総合所見の否定的評価部分だ。

ほかの教科書にも、「地図が小さく見にくい」とか「写真の数は最も少なく、表・グラフの数も少ない」などといった指摘はされているが、扶桑社のような本質的な部分でのマイナス評価はない。

杉並区の教科書調査委員会は、区立中学校の校長と副校長が五人ずつ、主幹が二人、ＰＴＡ会長ら保護者代表が三人の計十五人で構成されている。

調査委員会の下嶋光豊委員長（区立荻窪中学校長）は「四年前に比べると、かなり慎重に公正に審議した。最長で九時間の議論をした日もある。学校調査、専門部会の調査、区民アンケート、都の資料をすべて加味して、時間をかけて公平適正にまとめたつもりだ」と報告書の内容に自信を示す。

「教師の都合で採択するのではなく、子どもたちが使う教科書であることを大事にした。委員会でもあらためて調べて各社の特色や課題をまとめた。政治的圧力といったものは一切なかったですよ」

各学校の教員が作成した調査報告書では、扶桑社に対するマイナス評価が他社を圧倒する。二十三校の中で、プラス評価の記入はわずか数校だけだった。

採択審議の中で、丸田委員長は「使う側の先生方の使いやすさというものがないと、いくらいい教科書であっても使いこなせないわけで、子どもたちは身につかない」と指摘している。納富教育長は採択後の記者会見で「現場教師や区民の意見を尊重した」と力説した。しかし杉並区では、歴史教科書の採択結果に現場教員の声は反映されなかった。

◎「教師の力量」発揮できるか

内外から強い批判の声があり、教育現場からもそっぽを向かれた扶桑社教科書が採択されたことについて、納富教育長は、「いずれの教科書であっても、そこから先は現場の先生の力量に期待する。教科書を素材にしながら、教師一人一人の力で豊かな教育がなされることを否定するものではない」とコメントした。

実際に教科書を使って、教室で生徒に授業をするのは学校現場の教員だ。どんな教科書を使うにしても、教える側の教員の力量と裁量次第で、授業内容はどのようにでもなる気もするのだが……。しかしそうした見方は、どうも学校現場の実態を甘く見過ぎているようだ。

杉並区立中学校の社会科教諭は、「教科書がなくても授業はできるが、現場教員の教育内容に、校長を通して教育行政が入り込んできている」と訴える。授業計画を校長に提出して、事前検閲を受けるシステムが定着しつつある。そうなればまさに監視体制だ。自由で独創的な授業はできなくなるだろう。

授業中の教室に校長や教頭がいきなり入ってきて、授業内容を点検して出ていく学校もある。授業で配るプリント類をチェックする校長もいるという。

杉並区議の松浦芳子氏（区議会文教委員会副委員長）は、「日本会議」機関誌の二〇〇五年のインタビューで扶桑社の歴史教科書採択について触れ、「扶桑社教科書を使わないことが正当化される」ことを憂慮する発言をしている。そして、「来年四月以降も学校を訪問し、資料請求も行い、授業でのプリントやテストもチェックしなければと思っています」と抱負を語った。

「教科書をどのように使って授業をしているか、といった指導は今までなかった。これからどうなるのでしょうか」

杉並区の中学校の先生たちは戦々恐々としている。

第7章

分断され孤立化する現場

ある新人教師の死

◎衝撃――早朝から深夜まで多忙な勤務

学校に衝撃が走った。二〇〇五年四月十九日午前九時半頃、埼玉県越谷市の市立小学校の図工室で、四年生担任の男性教諭（22歳）が首を吊って死んでいるのを校長が見つけて一一九番通報した。目立った外傷がないことなどから警察は自殺と判断した。

越谷市教育委員会によると、一時間目の授業が始まっても男性教諭が教室に姿を見せないので、管理職や同僚が校内を探していた。この日は午後の五時間目に授業参観、続いて六時間目には保護者懇談会が予定されていたが、ほかの教師が代行した。

男性教諭は同年三月に埼玉大学教育学部を卒業し、四月一日に同小学校に赴任したばかりだった。

市教委学校課の山口竹美課長は、「十八日間しか勤務していないので、自殺の理由については何とも言えない。クラスでトラブルがあったなどの話も聞いていないし、本人から職場の人間関係や授業に関する悩みなども聞いていません」と話す。

「男性には昨年三月に面接した時に会いました。すらっと背の高いスポーツマンで、受け答えのはっきりした好青年という印象が残っています。子どもたちの人気者になるだろうな、意欲に燃えて教師を志した念願が叶ったんだなと感じました。四月八日の金曜日が入学式と始業式でしたから、子どもたちと接したのは実質七日もない。これからスタートという段階だったのですが」

一方、地元の教師たちは「あの小学校でなければこんなことにはならなかったかもしれない」と指摘する。

男性が赴任した小学校は、市内では「超多忙校」の一つとして有名だった。二〇〇五年三月までいた前任校長の方針で、とにかくやたらに行事が多い。日替わりで朝の全校マラソン、読書タイム、詩の発表会などがある。始業前のこうした行事の準備のために登校時間はどうしても早くなり、こなしきれない仕事は放課後に持ち込まれる。文部科学省の研究指定校の仕事を割り振られることもある。教師の負担はほかの学校の比ではなく、ベテランでも他校から異動してきて慣れるまでしばらく時間が必要だったという。新任教師にとってはなおさら大変だ。そんな方針は後任校長にも引き継がれた。

新任教師はただでさえ忙しい。初めて経験するクラス担任と授業準備に戸惑いながら校務に追われ、年間三百時間以上と規定されている「初任者研修」も並行して受けなければならない。指導案や研修レポートを週に何枚も書かされる。指導教官によっては何回も書き直しを命じられて、提出枚数は膨大な量になるという。日付が変わる時間まで学校に残って仕事をすることもある。慣れない環境で、新人はかなりの負担を強いられることになる。

同校に赴任した新任教師は、自殺した男性のほかに新卒の女性が一人。女性教諭は失敗して不安に感じることがあれば、そのつど職場の先輩に愚痴をこぼしたり相談したりしていた。だが、男性教諭が周囲に弱音を吐くことはほとんどなかったという。同僚の一人は、男性教諭が「今日は眠れるかな」とつぶやくのを一度だけ聞いたことがあったというが、それ以外に男性から悩みや愚痴などを聞かされた人はいない。

周囲の目はどうしても女性教諭に向きがちで、ベテラン教師が相談に応じたり面倒を見たりする対象となるのは、もっぱら女性だった。それとは対照的に、男性教諭については「彼は放っておいても大丈夫だろう」と思われていたらしく、同僚らがこれといってフォローすることはほとんどなかった。

関係者の話では、男性教諭は指導案作りなどで毎晩遅くまで学校に残っていた。両親と一緒に住んでいる自宅には午後十一時頃帰宅。夕食後も、自室で午前一時までパソコンに向かって仕事をしていた。朝は午前五時に起きて、午前七時過ぎには登校するといった生活が続いていたという。

亡くなる前夜、一年先輩の教師が男性を車に同乗させて学校を出た。翌日の授業参観について「大丈夫か」と声をかけると、男性は「準備できています」と答えた。年齢の近いこの先輩や同じ新任の女性らと男性は、メール交換などをしていたといい、男性が職場で完全に孤立していたとまではいえないようだ。

◎評価――こういう状態ずっと続くのか

亡くなった当日は、学校の防犯警備システムが午前六時二十分に解除されていることから、いつもより一時間ほど早く登校したようだ。それから自らの命を断つまで、男性教諭は何を考え、どんな思いで図工室に向かったのだろうか。職員室の男性の机の上には、授業参観の完璧な指導案が置かれていたという。

自殺した男性教諭の大学の成績は、ほとんどが「優」の評価だった。教員採用試験の結果も、二〇〇四年度に採用された埼玉県の教員約六百人のトップクラスだったという。

埼玉県教育委員会は二〇〇四年度から、採用試験合格者のうち希望者（三十人）をボランティアとして小中学校に派遣し、大学在学中の段階で現場を体験させる「インターンシップ制度」を始めた。自殺した男性教諭も参加したが、ここでも管理職らによる評価はとても高かった。県教委市町村教育課によると、「元気。真面目でさわやか。熱意に満ちている」などと報告されていたという。

「教育委員会がモデルにしたいようなピカイチの新人で、太鼓判を押されて採用された。『期待しているので頑張ってほしい』と県教委幹部から激励されていたとも聞いていますよ。それだけに、赴任してたった三週間で、しかも学校で自殺してしまったのだから県教委は真っ青になった」

埼玉県内の教育事情に詳しい大学関係者はそう解説してから、「ただ、県教委の考える『優秀な人材』とはどんな人材なのか。そこは疑問に感じる。成績がよくて、要求されたことをそつなくこなすのが優秀だとしたら、人間観察の観点がずれているのではないか」と付け加えた。確かに、教師に向いている人材や教師になってもらいたい人材は、学校の成績や事務処理能力とは無縁だろう。

「『期待されている』ことが大きなプレッシャーになっていたのだろうか」と推測する人がいる。また、「まわりの人に相談できず、自分ですべてを背負い込んでいたのかもしれない。朝早くから夜遅くまで黙々と働くうちに展望を失って虚しくなってしまったのか」「優秀だっただけに見切りをつけてしまったのかな」などと分析する人もいる。「悩みを打ち明ける余裕さえなかったのかも」——。関係者の間にはいろいろな憶測が今も飛び交う。

それにしても、赴任してわずか三週間で精神を病んで、自殺することはあるのだろうか。埼玉県内で教職員の健康診断や勤務状況調査を続けている埼玉協同病院（川口市）の内科医・清水禮二さんは、「十分にありうる」と言う。

「極度にストレスが集中して緊張した状態に置かれれば、短期間でも精神的に追い込まれる。夢があって教師になったのに壁を乗り越えられなければ自殺することはあります。兆候は必ずあるはずだが、同僚が自分の仕事に追われて余裕がなければ、気づかずに見過ごされてしまうでしょう。学校の先生は疲れ切っている人が多いですから」

ほかの学校でも、新任教師が精神的に追い込まれることは十分にある。

遺書は見つかっていない。家族や同僚にもメッセージなどは残されていない、とされている。しかし、職員室の男性教諭の机を整理している際に同僚が見つけた大学ノートには、「こういう状態がずっと続くのかな」という走り書きが残されていたという。複数の同僚がこの走り書きを目にしているが、市教育委員会は「そのような大学ノートの存在は把握していない」としている。

◎同僚——自分のことだけで精いっぱい

男性教諭はなぜ自ら死を選んだのか、何を訴えたかったのか。自殺の原因や真意を確かめる術はない。けれども、「まわりがもっとサポートしていれば」という思いや、「とにかく忙しい。ベテラン教師に後輩の悩みを共有してフォローする余裕がない」といった学校現場の実態を訴える声は、多くの教師や大学関係者が口にした。

社会経験などほとんどなく、子どもや親とのコミュニケーションも満足にできず、不安でいっぱいの新任教師。「あなたがこの教室のすべてを仕切る先生です」と言われて放り出されても、戸惑うばかりだろう。

そういう時に相談に乗って愚痴を聞いてくれるのが、先輩や同僚の教師仲間だったはずだが、そうした「バックアップ体制」がおかしくなっている。教師同士で悩みを共有してフォローし合う関係が崩れてきている。仲間の話に耳を傾けるどころじゃない。仕事を山のように抱え、管理強化に翻弄され、自分のことだけで精いっぱい。教師集団がバラバラにされているのが今の学校だというのだ。

まず、書類の量が格段に増えた。学級経営方針、全教科の年間指導計画、週案（一週間の授業計画案）などの作成はもちろん、研究発表授業の準備もしなければならない。

行事があったりトラブルが起きたりすれば、勤務時間内にはとてもではないが仕事は片づかない。放課後の会議に出席し、その後にテストや宿題の採点をして、指導案を書き、次の日の用意をしていると、午後八時や九時になるのは当たり前だ。日付が変わることもある。朝も早くから学校に来なければならない。教師は疲弊している。授業の準備や教材研究、子どもたちとのスキンシップがおざなりになってしまうのが心配だと教師たちはこぼす。

職員会議は議論する場ではなくなり、上意下達の場になってしまった。「人事考課」制度の導入は管理強化と教師集団の分断を促した。教職員組合の弱体化は、仲間に無関心な職員室に拍車をかけた。現場で支え合う体制は瓦解し始めている。教師の共同体をつくっていくのは時間がかかるが、壊すのはあっという間だ。

男性が亡くなった越谷市の小学校では、「新任は毎朝掃除してみんなの机の上を拭くように」という不文律があったが、男性の死後、「よくないからやめよう」ということになった。女性の新任教師の負担はかなり軽減されたようだという。

校長は、教師たちに「早く帰るように」と言い出した。休み時間を確保しようとの試みも始めた。しかし、日替わりで用意されているいくつもの行事が減らされない限り、仕事量は同じだから教師の負担は変わらない。早く下校する分、仕事を自宅に持ち帰って片づけることになる。それでも、男性の自殺を契機に、忙しすぎる学校の状況をなんとか変えようと考え始めた空気を、同校の教師たちはほんの少しだけ感じている。

◎悲鳴——ストレス抱えて「心の病」急増

東京都教職員互助会が運営する三楽《さんらく》病院（千代田区）は、東京以外の広範囲の地域からも教職員の受診者が多いことで知られるが、新任教師が心や体に変調を訴えて受診するケースが最近目立っているという。社会経験が乏しい若手教師が、多忙で困難な仕事に直面してストレスで登校できなくなるようだ。また若手だけでなく、さまざまなストレスを抱えて「心の病」にかかる教師は年齢にかかわらず、全国的に急増している。

同病院の精神神経科部長の中島一憲さんは、「指導教官や管理職とうまくいかないなど、職場の人間関係に問題があるのが若手教師の特徴だ」と分析する。

「本人にコミュニケーションの力が足りない人が多いが、学校現場が忙しくなっていることも背景にある。指導教官の側にもじっくり教えてあげる余裕がなくなっています。職員室で話を聞いてあげる立場の先輩の方が疲れてしまって、後輩にかかわってあげることができない。学校現場でコミュニケーションの断絶が進んでいるんです」

さらに、保護者からの一方的な苦情や批判が増えていることも、教師のストレスの要因として指摘した。

「子どものことを考えて生徒指導しているのに、保護者から一方的に誹謗中傷されて孤立化し、うつ病で休職する教師も少なくありません。保護者には家庭でやるべきしつけを学校に押しつけてくる人や、対話のできない人もいる。子どもの前でも平気で教師を馬鹿にする親もいます。教師と保護者の人間関係が一方通行なうえに、なかには校長が教育委員会の指示を教師に伝えるだけになって、教師の裁量はどんどん減っている。ストレスは増えるばかりです」

もちろん、理不尽で非常識な「無理難題」を突きつけてくる保護者ばかりではない。常識的なコミュニケーションがとれる親もいるし、納得できる批判をする親や信頼関係が築ける親も多い。だが、エキセントリックでヒステリックな迫り方をする保護者は確実に増えている。

「教師が親たちのストレスのはけ口の対象になっている。文句を言って教師を追いつめていく。特に若い教師に対する親たちの目が厳しい」と現場教師は嘆く。

文部科学省のまとめによると、二〇〇四年度に精神性疾患で休職した全国の公立小中学校・高校などの教員は三千五百五十九人で、前年度と比べて三百六十五人増加。すべての病気休職者に占める精神性疾患休職者の割合は五六・四%で、前年度と比べ三・三ポイント上昇している。

こうした保護者の意識変化を反映してか、新任教師自殺のニュースが報じられた直後、インターネットの掲示板には次のような情報が書き込まれた。

「クラスで子ども同士のトラブルが起きた。担任の対応がおかしいと双方の親が学校に怒鳴り込んだが紛糾した。同僚や管理職は放置し、授業参観と保護者懇談会の日を迎え、対応に窮した担任が教室で首を吊った」――。

インターネット上に無責任な情報が乱れ飛ぶなか、こんなストーリーがまことしやかに流され、さらに大学や教職員組合などの関係者の多くも、この「物語」を信じて疑わなかった。関係者への取材をいくら重ねても、この「物語」を裏づける証言は一つも出てこなかったことから、これは根も葉もない憶測だと判断する。しかし見事なまでに、最近の教師と保護者の関係を図式化したストーリーだったからこそ、多くの人が信じ込んだのだろう。

◎育成——新人教師の「居場所」めざす

埼玉県川越市内の公民館。毎月一回、午後六時半を過ぎると、採用されて一～二年目の新人教師が集まってくる。なかには、臨時採用教師やこれから教員採用試験を受験する大学生もいる。「大学教育と学校現場の橋渡しの場に」と二〇〇四年四月に始まった自主サークル「教育実践研究会」だ。

指導するのは、朝霞市立朝霞第二小学校教諭の増田修治先生（47歳）。埼玉大学教育学部で非常勤講師としても教えている。「若い教師たちの救いの場になれたらいい。トラブルがあるのは当然なんだよ、悩みを聞いてあげるからおいでよ」。そんな思いで研究会を立ち上げた。

「越谷市で起きた新任教師の自殺は他人事ではない」と増田先生は思った。「教師一人の命はこんなに軽視されているのか、若い教師がなぜ追いつめられたのか、教師の世界がバラバラにされている」と感じたという。

増田先生は「教師を育てるには昔の徒弟制度みたいなものが必要だ」と話す。

「教育っていうのは、丁寧に話をしてわかってもらう仕事なんですよ。新人教師を育てるのも同じです。一般論的なことを言ってもダメ。直面している問題について具体的に語ってはじめてわかる。手取り足取り、一人一人に合った言葉で説明されてその人の胸にストンと落ちるんです」

研究会はまず、参加者の近況報告から始まる。そして、それぞれのクラスや子どもたちの様子を書いてきた詩の読み合わせをして、全員で検討する。言葉に敏感になって、自分の言葉で具体的に表現することで、子どもたちを見る目を養うことにつながる。それが教師自身の成長にもなる。

教師一年目の女性は、落ち着きがなく暴力を振るうクラスの子どものことで悩んでいた。エスカレートする子どもの行動に、どう対応すればいいのかわからなくなった。そんな様子をレポートした。

「隣の先生や教頭に怒ってもらったことで、この先生は怒ることもできない先生だと思われたんだよ。でもこの子は掲示物を破いても、友達の作品は破かない。荒れている行動の中から、その子の光っている部分を見つけ出すことが必要だよ」と助言する増田先生の言葉に、新任の女性は自信とやる気を取り戻していく。

校長からは「甘い」と叱責され、荒れる子どもには蹴られたり噛みつかれたりする毎日。「誰もわかってくれない」とつらくてたまらなかったが、研究会で仲間に話を聞いてもらい、増田先生にアドバイスしてもらうことで、余裕が出てきたという。子どもも心を開いてくれるようになった。

「学校だと、みんな忙しそうだから聞いたら悪いかなと思う時もあるけど、研究会では子どもたちのことで悩んでいる話や愚痴を気軽に聞いてもらえるし、冷静な視点で、なるほどなと納得できる鋭い助言もしてもらえる。子どもにどう接したらいいか、という方向性が見えてきて、教師としてレベルアップしたように思います。自信がつきました」

持ち寄った実践レポートの報告や検討も、研究会の重要なメニューだ。

教師二年目の男性は、学級通信の取組みについて報告した。決して上手ではないが味のあるイラストが描かれた学級通信が、全員に配られる。増田先生はディスカッションを整理しながら、「どうして子どもたちはこの学級通信を読みたがるんだろう。緻密でないところがいいんだよな。通信を通じて、子どもたちは友達に対する新しい発見がある。子どもと先生が紙面から感じられる。頑張ることを強要していないのに頑張る気にさせるよな。共有関係をつくり出しているんだよ」とアドバイスした。参加者はうなずきながら、熱心にメモをとる。

増田先生は、参加者の教師を決してけなさない。いいところをすくい上げるように評価してほめる。そのうえで、「こういう視点を持てばもっと豊かになるよ」と具体的に助言する。その一言で、悩みや不安を抱えていた新人教師の顔は明るく輝く。

「聞いてもらうことのうれしさを、まず教師自身が体得するのが大事だと思うんです」

◎行政──「もの言わぬ教師」広がる?

だから増田先生は、教育委員会の初任者研修を「型にはまった教師をつくり出していく」と批判する。

「初任研では、いかに教師として力がなくてダメか、新人を徹底的にけなして指導する。そして、『ずいぶん力がついたじゃないか』と教育委員会の方針に沿った教師像を植えつけていくんですね。そんなやり方でまともな教師が育つわけがない」

埼玉県教職員組合の贄田《にえだ》教秋書記長は、「必要な研修はすべきだろうが、授業や教室の中で力量を高めるような工夫こそ大事なのではないか」と指摘する。

「そもそも教師の仕事というのは、子どもに始まって子どもに還るものです。新任教師は子どもたちと触れ合って体温を肌で感じ、失敗しながら現場で学んでいくべきなのに、初任者研修によって現場から離れてしまう。形式的な指導案を書かされ、校長や指導教官の検閲を受けて、パターン化された教師になってしまうのが心配です」

しかも新任教師の身分はきわめて不安定だ。採用一年目は「条件付き採用」とされ、勤務態度や適性などに問題があれば、採用を取り消されることもある。このような「仮採用」が一年間も続くのはおかしいのではないか、採用取消しを恐れて「もの言わぬ教師」が広がるのではないか、と教職員組合などは批判する。

また、大学在学中に現場を体験させる埼玉県教委の「インターンシップ制度」に対する疑問の声もある。「新任教師をフィルターにかけて、教育委員会や管理職の言うことを素直に聞くかどうか査定し、従順でない者のチェックや排除に利用されかねない」と心配するのだ。二〇〇五年度は前年度よりも参加枠を広げて、八十人に増やしている。

埼玉大学の教授の一人は、「新任教師に即戦力を求めることがおかしい」と県教委の姿勢に疑問を投

「東京教師養成塾」の修了式。塾生と都教委幹部は全員、舞台正面の「日の丸」に向かって起立して「君が代」を斉唱した＝2006年２月18日午前10時過ぎ、東京・本郷の東京都総合技術教育センターで

げかける。

「最初から上手くできる教師なんかいませんよ。失敗しながら、おろおろしながら、怒られながら、現場で育てられてベテランになっていくのが普通でしょう」

ところがさらに踏み込んで、採用前の段階から教育委員会が独自に「実践的指導力」のある教師を養成する動きが進んでいる。東京都は、大学四年生（公募百人）を対象にした「東京教師養成塾」を二〇〇四年度にスタートさせた。市区町村レベルでは、東京都杉並区が社会人や大学生（同三十人）を対象に「杉並師範館」を二〇〇六年四月にスタートさせた。

杉並師範館は、「気高い精神と卓越した指導力」を持ち、「わが国の歴史や伝統を尊重し、ふるさと杉並や日本を大切にする教師」を育てるとしている。教育のプロや経済界のトップを講師に迎え、一年間にわたって学ばせてから杉並区の小学校教諭に採用する計画だが、現場は「これでいい教師が育つのか」「教育行政に疑問を持たない教師がつくられる」と懐疑的だ。「教育が政治の道具に使われている」と批判する管理職もいる。

自分の教室で生身の子どもたちとぶつかって試行錯誤してこそ、教師は一人前に成長する。先輩や同僚が助言し合い議論することで、教師集団は「問題を共有する」ことにもなる。「オン・ザ・ジョブ・トレーニング」の真骨頂だが、そのためには、職場の仲間と語り合う時間と自由な雰囲気が欠かせない。今の学校現場が最も必要としているものだろう。

あとがき

東京・本郷の東京都総合技術教育センターで、東京都教育委員会が主催する「東京教師養成塾」の成果発表会と修了式を取材する機会がありました。

発表会は、小学校教師を志望する大学四年生の塾生たち約百人が、「実践的指導力のある教師」になるために一年間学んできた成果を、関係者に披露する催しです。

発表会をのぞいた率直な感想を言わせてもらうと、みんなすごく「優等生」だなあということに尽きます。男女とも全員がリクルートスーツをビシッと着こなし、「こんなに学びました」「これだけ成長しました」「とても成果がありました」と口々に言い、指導教官から「協力してくださった皆さんに感謝しなさい」と振られると、全員が一斉に大きな声で「ありがとうございましたっ」と頭を下げるのです。非の打ちどころがない「真面目でひたむきな」教師のタマゴということなんだろうと思いますが、班別の発表会やシンポジウムを通じて、僕はどうにも違和感を感じてなりませんでした。

どこに違和感を感じたかというと、全員が前だけを見つめていて、誰一人として「疑問に思う」とか「悩んでいる」といったことを感じさせない点でした。つまり、素直すぎるところに引っかかったのです。

例えば、教科書や指導書に書かれている算数の計算式のほかに、子どもが別の考え方をしてもいいはずだと思うのですが、そういうのは間違いだと信じて疑わない。教科書とは違う別の考え方は最初から論外なのです。決められたことを期待されたとおりに、きっちりこなすことは完璧。しかし「枠組みやレールから外れた考え方」なんて、たぶん頭に思い浮かべることさえないのではないか。都教委の理想とする教師はそういうものなんだろうけど、果たしてそれでいいのでしょうか。

塾生たちに対して、「学校の中だけでなく社会の出来事に関心を持ちなさい」と都教委は指導します。しかし、本当に関心を持ったら教育行政のあり方に批判的になることだってありうると思います。都教委がどんな対応をするのかとても興味がありますが、素直で疑うということを知らない純朴な「教師のタマゴたち」は、そういう疑問や問題意識を持つことはたぶんないでしょう。

決められた枠から踏み出すことを知らない教師に教わって、子どもたちはどんなふうに育っていくのか。残念ながらあまり明るい未来は見えてこないように思います。

それから二週間後。修了式の式場にはいうまでもなく舞台正面に「日の丸」が掲揚され、式典の冒頭では「国歌斉唱」です。もちろん全員が起立して、背筋をピンと伸ばして大きな声で歌っていました。

しかしそれよりもっと驚かされたのは、ことあるごとに司会者から「一同起立」「一同礼」という号令がかけられ、そのたびに全員がザザッと立ち上がって、斜め四五度の角度で三秒ほどそろって身をかがめることでした。まさに文字どおり「一糸乱れず整然と」といった感じで、そんな光景がもう何回も何回も繰り返されるのです。見事に「調教」されているなあ、と思わざるをえない光景でした。

そして極めつきだったのは、挨拶や報告をするために登壇するすべての人が、舞台正面の「日の丸」に向かって必ず深々とお辞儀すること。壇上の右側の席にペコリ、左側の席にペコリ、もちろん教育長にペコリ。それに加えて最敬礼で「日の丸」に頭を下げるのです。ただ一人の例外もなく。「そんなにペコペコしなくても」と思うのですが、軍隊なんかでよくある様式美というものなのでしょうか。皆さん本当に真面目なんだなあと、心から感心させられました。

その翌月。今度は都立高校の卒業式に顔を出させてもらう機会がありました。お邪魔したのは、「日の丸・君が代」をめぐる都教委の執拗な「指導」に対し、前年の卒業生が抗議のメッセージを堂々と演説した都立戸山高校だったのですが、今回は見事なまでにまったく何も起こりませんでした。

クラス代表が簡単なパフォーマンスをしながら卒業証書を受け取るという「伝統」も、一切影を潜めていました。「自主自立の自由な校風」が、都立高校の最大のウリだったはずなのに……。

「下手なことをすると先生が処分されるかもしれない」と生徒の側が気を遣ったようですが、生徒にそんな気遣いをさせる教育行政の強権体制っていったい何なのだろうか。これではどっちが大人なんだかさっぱりわかりません。

「特色ある学校を」「日本人としての誇りを」などと挨拶した都教委の高校教育指導課長の来賓祝辞が、まるで悪い冗談であるかのように浮いていました。式の最後に、高校三年間の思い出のシーンをスライド上映しながら、卒業生全員が「旅立ちの日に」を合唱しましたが、映写スクリーンが舞台正面の大きな「日の丸」をすっぽり隠す形になっていたのが、唯一の異議申立てのメッセージのようでした。

◇　◇　◇

「自主的で特色ある学校教育活動が展開できるようにする」という理由から、校長の裁量が拡大され、職員会議が校長の補助機関とされて、職員室から自由闊達な議論が消えてしまいました。しかし実際には校長の裁量はきわめて限定されていて、むしろ校長は教育行政の命令どおりに動く「ロボット」と化し、教育行政が教育内容にまで介入しつつあるのが現状です。その最たるものが都教委の突出した姿勢であり、学校現場に対する異常なまでの「日の丸・君が代」の強制でしょう。

「国家」のために「国民」が奉仕することが当然とされ、「国家」が画一的な価値観を教え込んだ戦前の教育を反省して、一九四七年に公布・施行されたのが、現在の教育基本法です。「個人の尊厳を重んじ、真理と平和を希求する人間の育成を」と宣言し、教育は政治的・宗教的に中立でなければならず、不当な支配に服してはならない、と現行の教育基本法は明確に定めています。国家の「教育支配」によって、国民が同じ方向に走らされた悲劇を繰り返してはならない、との強い思いがあったからでしょう。

ところが、学校現場は残念ながらそういう状況にはありません。「管理と統制」が進む学校で教師は多忙を極め、教師同士が職場で自由な議論も交わせないのが実態です。

そこに登場してきたのが官製の教師養成塾です。学校現場をがんじがらめにして教師の自由な発想や意欲を奪っておきながら、教師の授業力や指導力の向上を教育行政が唱えるのは矛盾していると思うのですが、だからこそ「従順な教師づくり」に乗り出してきたといえるのかもしれません。

でも、教育行政や管理職に都合の悪い教員を恣意的に排除し、型にはまった「もの言わない教師」ばかりの学校で、子どもたちに向き合った自由な教育ができるでしょうか。

机の上で書類をたくさん書いて、企業経営者や学者や役人の演説を聴いて、パターン化されたノウハウを学んで、そんなもので本物の教師が育つとはとても思えません。ロボットのような教師は育つかもしれませんが、独創的な教師はたぶん育たない。今の学校に必要なのは、時間的ゆとりとおおらかさ、自由闊達に議論できる職場環境、「教師の裁量」の保障──の三つだと思います。同僚や後輩の話に耳を傾けるためには、自分自身に余裕がなければ無理です。つまらない報告書や書類の作成に時間を費やすことほど、無駄なことはありません。子どもと触れ合い、教材研究をして、職員室の仲間たちと語り合うことにこそ、教師は時間を使うべきです。

教師を授業と子どもたちに専念させるためには、自由でおおらかな職場が必要です。教育行政がやるべきなのは、教師が仕事をしやすい職場環境を整えることです。

◇◇◇

いつものことながら、この本に収録したルポルタージュや記事の執筆には、数え切れないほどの皆さんのお世話になっています。記事に登場していただいた方々はもちろんのこと、背景取材や周辺取材、裏づけ取材の過程で協力くださった方、さまざまな助言や情報提供をしてくださった方たちがいなければ、どの原稿も最後まで書き上げることはできませんでした。心から感謝いたします。

また、出版に向けてご尽力いただいた現代人文社編集部の皆さんに、厚くお礼を申し上げます。

二〇〇六年十一月

池添徳明

池添徳明　いけぞえ・のりあき
［略歴］
1960年、大阪市生まれ。新聞記者を経て、1999年6月からフリージャーナリスト。
教育・人権・司法・メディアなどの問題に関心を持って取材している。
大岡みなみのペンネームでも執筆。
関東学院大学非常勤講師（現代ジャーナリズム）。
［著書］
『日の丸がある風景——ルポ・問われる民主主義のゆくえ』（日本評論社）
『日の丸・君が代と子どもたち』（岩波ブックレット No.517、共著）
『裁判官 Who's Who——首都圏編』（現代人文社、編著）
『めざせロースクール、めざせ弁護士』（阪急コミュニケーションズ、共編著）

教育の自由はどこへ
ルポ・「管理と統制」進む学校現場

2006年12月20日　第1版第1刷

［著　者］池添徳明
［発行人］成澤壽信
［編集人］西村吉世江
［発行所］株式会社 現代人文社
〒160-0016　東京都新宿区信濃町20　佐藤ビル201
振替　00130-3-52366
電話　03-5379-0307（代表）　FAX　03-5379-5388
E-Mail　henshu@genjin.jp（編集）　hanbai@genjin.jp（販売）
http://www.genjin.jp
［発売所］株式会社 大学図書
［印刷所］株式会社 シナノ
［装　丁］Malpu Design（清水良洋）
［写　真］池添徳明

Printed in Japan　ISBN4-87798-306-6 C0036